Mario Vargas Llosa
Palabras en el mundo

Alonso Cueto

Mario Vargas Llosa

Palabras en el mundo

Papel certificado por el Forest Stewardship Council®

Primera edición: noviembre de 2025

© 2025, Alonso Cueto
en colaboración con Agencia Literaria Antonia Kerrigan
© 2025, Penguin Random House Grupo Editorial, S. A.
Avenida Ricardo Palma 311, oficina 804, Miraflores, Lima, Perú
© 2025, Penguin Random House Grupo Editorial, S. A. U.
Travessera de Gràcia, 47-49. 08021 Barcelona

© Diseño: Penguin Random House Grupo Editorial, inspirado en un diseño original de Enric Satué

Penguin Random House Grupo Editorial apoya la protección de la propiedad intelectual. La propiedad intelectual estimula la creatividad, defiende la diversidad en el ámbito de las ideas y el conocimiento, promueve la libre expresión y favorece una cultura viva. Gracias por comprar una edición autorizada de este libro y por respetar las leyes de propiedad intelectual al no reproducir ni distribuir ninguna parte de esta obra por ningún medio sin permiso. Al hacerlo está respaldando a los autores y permitiendo que PRHGE continúe publicando libros para todos los lectores. Ninguna parte de este libro puede ser utilizada o reproducida con el propósito de entrenar tecnologías o sistemas de inteligencia artificial. PRHGE se reserva expresamente la reproducción, la extracción y el uso de esta obra y de cualquiera de sus elementos para fines de minería de textos y datos y el uso a medios de lectura mecánica u otros medios que resulten adecuados (art. 67.3 del Real Decreto Ley 24/2021). Diríjase a CEDRO (Centro Español de Derechos Reprográficos, http://www.cedro.org) si necesita reproducir algún fragmento de esta obra.
En caso de necesidad, contacte con: seguridadproductos@penguinrandomhouse.com

Printed in Spain – Impreso en España

ISBN: 978-84-204-6350-6
Depósito legal: B-17341-2025

Impreso en Unigraf, Móstoles (Madrid)

A L 6 3 5 0 6

Índice

A Efraín Kristal, Juan Jesús Armas Marcelo,
José Miguel Oviedo, John King,
Gerald Martin y Roy Boland,
lectores cómplices.

Prefacio

Las novelas de Mario Vargas Llosa han acompañado mi vida. He leído autores de todas las lenguas y épocas, pero cuando un libro suyo aparecía, siempre le daba una prioridad en mi tiempo de lector. Me parecía que en esas historias se ofrecía una versión sobre un asunto esencial: la experiencia de unos seres en pugna por una dignidad y una supervivencia, en una gesta heroica con frecuencia anónima. Esta experiencia, aunque situada en contextos geográficos, sociales e históricos precisos, trascendía sus circunstancias. Todos podíamos reconocernos en ella, gracias al lenguaje y la visión de su autor.

La costumbre de leer sus novelas empezó muy pronto. Cuando yo era un estudiante de colegio, mi madre se sintió inquieta por mi lectura de *La ciudad y los perros* (1963) y consultó con amigos de la familia si debía seguir leyendo ese libro que en ese momento le pareció peligroso. Recuerdo que una persona muy querida por todos nosotros, el filósofo y ensayista Augusto Salazar Bondy, le dijo: «Tiene que leer esa novela. Va a aprender mucho». Luego, cuando leía *La casa verde* (1966), que mi padre elogió a lo largo de un almuerzo en la casa, una pariente muy cercana, nacida en Piura, presentó sus objeciones. Nos dijo que ella no creía que era verdad todo lo que se contaba allí. «Sí, se hablaba de la casa verde en Piura», agregó, «pero me dijeron que la gente iba allí solo a bailar». Con el tiempo, mi madre (que siempre promovió mi interés por la lectura) se convirtió en una lectora agradecida de las novelas de Vargas Llosa. Lo mismo ocurrió con mi pariente de Piura.

Por entonces, yo absorbía los libros de Dostoievski y la literatura francesa y todavía creía que las grandes historias solo podían ocurrir en París o en San Petersburgo. Lo primero que aprendimos en esa etapa escolar con las novelas de Vargas Llosa fue que las grandes historias, los grandes personajes, las grandes escenas pueden ocurrir en cualquier lugar y en cualquier época. Los jóvenes desesperados y vulnerables de *La ciudad y los perros,* los personajes que fundan espacios en selvas, ríos y desiertos de *La casa verde*, y las preguntas infinitas de Zavalita mientras recuerda su vida en *Conversación en La Catedral* (1969) poblaron mi imaginación de esos años. Me di cuenta rápidamente de que todos esos escenarios, incluyendo la ciudad de Lima, podían albergar historias esenciales que definen las soledades y las búsquedas de los seres humanos, con un lenguaje que potencia al máximo sus retratos en movimiento. El brillo del lenguaje y la solidez de las estructuras que lo sostiene me parecen estar al servicio de la visión de la vida como una épica permanente. Sigo releyendo estas novelas, sigo aprendiendo de ellas y me sigo emocionando con Zavalita y con Jum y con Jurema y con Antonio Imbert y con la niña mala y con el poeta Alberto y el Jaguar.

No tengo una idea muy clara de por qué estas historias me siguen emocionando. Uno puede explicar aquello que lo fascina solo hasta cierto punto. Lo que sigue es una serie de notas acumuladas durante todas estas décadas de lector. Son un intento fragmentado por comprender la vastedad de una gran obra, desde una lectura de algunos rasgos que me parecen esenciales. La inserción en un ámbito abundante y variado, las pugnas por el poder entre sus miembros y el sentido de las búsquedas morales son vértices en el universo de sus personajes. Aunque he tratado de nombrarlos por separado, todos estos son campos que se superponen y se confunden con frecuencia.

He sentido que los personajes de estas novelas me han acompañado, dándome sus impresiones sobre lo que iba diciendo de ellos. Cada uno habla de un modo distinto y algunos aparecen con más frecuencia que otros. Han sido mis compañeros fieles y seguirán conmigo. Con el tiempo se vuelven más sabios y más desesperados y más fuertes. Los entiendo cada vez menos, pero los siento cada vez más cerca. Espero que ahora ellos también lean estas páginas con algún interés.

1. Un mosaico en movimiento

Mario Vargas Llosa es un minucioso muralista de la diversidad. Todos los rostros y todas las almas comparecen en su galería de lo humano. Allí se alternan el fanático delgado y compasivo (el Consejero), el enamorado estoico y persistente (Ricardo Somocurcio), y los viajeros errantes (Lituma y Fushía). Allí también aparecen los rebeldes escépticos como Alejandro Mayta y Santiago Zavala, y los poderosos que ejercen el mando en una institución militar, ya sea para buscar cumplir sus leyes (el teniente Gamboa) o para reinventarlas (Pantaleón Pantoja). Allí, además, brillan las lúcidas heridas de Urania, y los delirios metódicos de la niña mala y la lujuria nocturna, grotesca y funesta de la Musa. Allí se suceden el cuerpo amplio y suntuoso de Lucrecia, el envejecido y pretencioso de Rigoberto, el deforme de piernas cortas y cabeza enorme del León de Natuba, los agujereados y torturados de los conspiradores dominicanos, el deseado y lejano de doña Adriana, el mutilado y destrozado de Palomino Molero. Allí rondan el Boa, que tiene una relación estrecha solo con la perra Malpapeada y que escucha las voces silenciosas de su mundo interior, así como el Barón de Cañabrava y el Chivo, que se proyectan hacia el mundo y dejan sentir la dureza de sus órdenes sobre las pieles de sus subordinados. Allí está Jurema, casada con Rufino, que sufre el abuso de Galileo Gall y se ve obligada a huir sin que nadie sepa nunca lo que piensa detrás de su rostro inescrutable, y también el coronel Moreira César, quien saca su pistola frente al padre Joaquim y le apunta en la sien.

La enumeración de los personajes que componen este mosaico de la diversidad y el contraste podría continuar. La fascinación de Vargas Llosa por las tensiones y contradicciones, los extremos y obsesiones de los seres humanos es la base de sus historias.

No es casual que en su ensayo *La literatura y la vida* (2001), el principal elogio que Vargas Llosa le hace a la literatura es la de ser una fuente de diversificación. Las novelas son una ocasión suprema para apreciar la variedad y extensión de la vida:

> La literatura, en cambio, a diferencia de la ciencia y la técnica, es, ha sido y seguirá siendo, mientras exista, uno de esos denominadores comunes de la experiencia humana, gracias al cual los seres vivientes se reconocen y dialogan, no importa cuán distintas sean sus ocupaciones y designios vitales, las geografías y las circunstancias en que se hallen, e, incluso, los tiempos históricos que determinen su horizonte (p. 45).

Pero este mosaico está en movimiento. Los protagonistas van evolucionando de un estado a otro. Los poderosos pierden su dominio y los marginales pueden adquirir una fuerza inesperada. El Jaguar es un ser violento y desalmado que termina convertido en un personaje noble y luego en un empleado anónimo. Somocurcio es un ser frágil y vulnerable que demuestra ser un enamorado infalible y persistente. Urania es una joven ultrajada que se convierte en una profesional exitosa y una agente vengadora del pasado. El Chivo es un depredador sexual que finalmente se vuelve impotente. Los personajes ofrecen identidades múltiples que están siempre en movimiento. Su dinámica es el factor de su diversidad.

La óptica desde que se ve a los personajes y las historias también es múltiple. En novelas como *Pantaleón y las visitadoras* (1973), *La tía Julia y el escribidor* (1977) y *Elogio de la madrastra* (1988), la tragedia y la comedia se superponen y se resuelven en una mirada ambigua. Puesto que la realidad es excesiva y los personajes buscan llegar a sus límites, el humor es con frecuencia el único modo de dar cuenta de ellos. Pantaleón usa el lenguaje oficial del ejército —«el esparcimiento viril»— para referirse al servicio de las visitadoras. Rigoberto tiene una obsesión cómica con las partes de su cuerpo. Marito ironiza sobre sus pretensiones de ser un «hombre completo de dieciocho años» frente a sus tíos.

En estas novelas, la fuerza panorámica de la visión se sostiene en la sutileza de la mirada hacia los detalles. Hay un registro de los rasgos más finos de cada personaje y cada elemento del entorno y, a la vez, una visión integradora de todos ellos. El cuerpo delgado que parece siempre de perfil con sus «sandalias de pastor» y su mirada de «fuego perpetuo» (y la «túnica morada» y la «facha tranquila») de Antonio el Consejero; la apariencia del Jaguar («su cuello macizo, sus ojos sin luz»); la caminata de Santiago Zavala («las manos en los bolsillos, cabizbajo») en las veredas de Lima: todos ellos se integran a entornos vastos y profundos (calles, plazas, desiertos, caminos), poblados de elementos del paisaje natural o urbano.

Es por eso que Vargas Llosa puede ser definido como un explorador de la abundancia. No solo los personajes son múltiples y cambiantes. También lo son los contextos en los que viven. Los escenarios de sus personajes pueden estar atravesados por el sol ardiente de Piura o por el río y la vegetación de Santa María de Nieva, por los cielos de los sertones o por las noches húmedas como la del juego de dados en *La ciudad y los perros* o la del mar nocturno («la vasta superficie que la luz de la luna plateaba a trechos» [p. 157]) que mira el coronel Mindreau antes de dispararse pensando en su hija Alicia, en *¿Quién mató a Palomino Molero?* (1986).

Así como comparecen todas las almas y los cuerpos en su obra, también brillan todas las geografías naturales o urbanas. Tanto la selva y el desierto en *La casa verde*, como la ciudad en *Conversación en La Catedral* o como los sertones en *La guerra del fin del mundo* (1981) tienen un papel activo en las historias. Muchos de los inicios de las novelas plantean la premisa de esta relación entre individuos vulnerables y entornos masivos.

En el inicio de *La casa verde*, tanto el sargento como la madre Angélica se mueven en una tierra «floja» que «cede a cada paso». Cuando finalmente llegan a lo alto, se produce la revelación espacial, un claro circular y, alrededor, el «monte tupido».

En este pasaje, la naturaleza abierta parece paradójicamente un marco cerrado, múltiple, opresivo, para quienes llegan a lo alto del cerro. La naturaleza es avasallante e impenetrable: obliga a Angélica y a Patrocinio a gatear y a los guardias a avanzar hundidos hasta las rodillas, «agachados, ahogados en el polvo, el pañuelo contra la boca» (pp. 14-15). Las pocas construcciones humanas —«breves sembríos», «un puñado de cabañas de techo cónico» (p. 15)— se ven abrumadas por el poder del entorno.

La imposición de la naturaleza selvática es tan opresiva y agresiva como la de la calle limeña. El inicio de *Conversación en La Catedral* dramatiza la escisión entre la pasividad lúcida de Zavalita y la presión múltiple de un entorno precario. Zavalita es un ser inerme frente a la vibración de la miseria en la avenida Tacna. Su primera visión parece indicar un destino con una frase aliterativa que marca una miserable y subyugante armonía del entorno: «Automóviles, edificios desiguales y descoloridos, esqueletos de avisos luminosos flotando en la neblina, el mediodía gris» (p. 19). Su respuesta a esta opresión es el movimiento. Va en dirección a su casa, pero en realidad pasea por la ciudad. Siguiendo un viaje parecido al de Frédéric Moreau, el personaje de *La educación sentimental* (1869), Santiago es un *flâneur*. Su mirada, sus reflexiones y sensaciones recorren el paisaje urbano. Su postura es la de un observador sagaz, resignado y melancólico. «El mentón en el pecho y los ojos entrecerrados» (p. 22), camina mirándose el vientre, observando y, a la vez, tratando de huir de la ciudad. La aparición del perro («no vayas a estar rabioso, fuera de aquí» [p. 19]) desata una breve cólera, que es su única reacción. Esa presencia viva y opresiva del entorno, con su polifonía de voces, se asocia al abismo de su pasado, cuando se encuentra con Ambrosio y van a La Catedral:

> Huele a sudor, ají y cebolla, a orines y basura acumulada, y la música de la radiola se mezcla a la voz plural, a rugidos de motores y bocinazos, y llega a los oídos deformada y espesa. Rostros chamuscados,

> pómulos salientes, ojos adormecidos por la rutina o la indolencia vagabundean entre las mesas, forman racimos junto al mostrador, obstruyen la entrada (p. 32).

En este pasaje, la fuerza olfativa («huele a sudor»), visual («rostros chamuscados») y auditiva («la música de la radiola») se superponen en una acumulación simultánea. La selva de una sensorialidad sucia está en su apogeo. Esta dinámica sensorial de lo variado e intenso se ve contrarrestada por la indolencia de los cuerpos que vagan entre las mesas. El ruido, el olor, el aspecto de los rostros resultan de la suma de un conjunto de elementos, el marco todopoderoso que señala un destino. El entorno hostil, enajenante que aparece en estas novelas iniciales no es del todo distinto al que encuentra Urania cuando vuelve a su país en el inicio de *La fiesta del Chivo* (2000):

> La superficie azul oscura del mar, sobrecogida por manchas de espuma, va a encontrarse con un cielo plomizo en la remota línea del horizonte, y, aquí, en la costa, rompe en olas sonoras y espumosas contra el Malecón, del que divisa pedazos de calzada entre las palmeras y almendros que lo bordean (pp. 11-12).

Este escenario de fuerzas que se encuentran, colisionan, se estrellan unas con otras, es un reflejo adecuado a la tormenta de la memoria que sufre Urania. La diferencia de los colores (azul oscuro, plomizo) y la diversidad de los adjetivos (sonoras y espumosas) sostienen un escenario amplio, lleno de contrastes y siempre en movimiento. La descripción parece estallar en los finales, «pedazos de calzada». Esta descripción solo sirve de introducción a la imagen que le devuelve el recuerdo del día en el que entra al restaurante del hotel Jaragua, donde está ahora, con su padre, para «almorzar los dos solos» (p. 12).

*

La ciudad de Santo Domingo, una pesadilla de la memoria, reaparece de un modo insistente, en especial el antiguo local del hotel (que ha sido reemplazado por uno nuevo). La ciudad se ha llenado de barrios, avenidas y parques, pero Urania está segura de que su casa apenas ha cambiado con su «pequeño jardín, el viejo mango y el flamboyán de flores rojas recostado sobre la terraza donde solían almorzar al aire libre los fines de semana; su techo de dos aguas y el balconcito de su dormitorio, al que salía a esperar a sus primas Lucinda y Manolita, y, ese último año, 1961, a espiar a ese muchacho que pasaba en bicicleta, mirándola de reojo, sin atreverse a hablarle» (p. 13).

La casa de Urania es un refugio contra la intemperie de los recuerdos en la ciudad. La misma variedad y abundancia, llenas de contrastes, aparecen en la noche húmeda en la cuadra del colegio militar donde el Jaguar tira los dados. Según el narrador, «este año era agresivo y casi ningún rincón del colegio se libraba del viento, que, en las noches, conseguía penetrar hasta en los baños, disipar la hediondez acumulada durante el día y destruir su atmósfera tibia» (p. 9).

En este pasaje inicial de *La ciudad y los perros,* los dados blancos resaltan en la oscuridad del cielo mientras que el miedo de Porfirio Cava es un contraste al aplomo del Jaguar. La novela empieza justamente en un interior sombrío (bajo el «resplandor vacilante» de un «globo de luz» [p. 9]). En esa escena ya están enfrentados los espacios interiores y los exteriores: la quietud clandestina de la cuadra y el viento de la noche. Blanco y negro, interioridad y exterioridad, miedo y aplomo, movimiento y fijeza, luz y sombra: la técnica de los contrastes escenifica el entorno que coloca a los personajes en estado de tensión. Para ellos, la realidad en su conjunto es un encierro opresivo. Su propósito será encontrar un camino en ese encierro.

Calles, selvas, cuadras, cantinas, ciudades. Esta relación entre el personaje y su ámbito físico, de raigambre romántica, es constante en la obra de Vargas Llosa. Solo en la noche húmeda y nebulosa de La Perla podría suceder la primera escena de *La ciudad y los perros* que paraliza de miedo a Cava y señala el poder del Jaguar. Solo en esa caótica, destrozada, precaria ciudad de Lima por la que camina Santiago Zavala podría haber ocurrido la pregunta con la que se inicia la novela y que da curso a esa historia en la que se enlazan los secretos de don Fermín, las intimidades de Queca, las noches sórdidas de Cayo, las dudas existenciales de Santiago y las modestas peripecias de Ambrosio.

La capacidad sensorial del autor, su estilo de enumeraciones y aliteraciones, sus frases acumuladas de una fluidez masiva, definen la importancia del entorno. Las formas y colores, los olores y sonidos de los escenarios ejemplifican su influencia en los individuos que viven bajo su mando.

Es por eso que la frase final del primer capítulo de *Conversación en La Catedral* («la miserable garúa de siempre» [p. 39]) parece referir a esa identidad esencial del ambiente que determina a sus individuos y define sus historias. Ninguna forma de redención, de inocencia es posible bajo las condiciones que dicta.

El personaje de Vargas Llosa es un ser solitario, acosado por el ambiente, que debe idear un camino propio. Se trata de víctimas solitarias que tienen que inventar un lugar en el mundo desde el cual puedan sostenerse. Allí están los casos de Santiago Zavala, Urania Cabral o Alberto Fernández. Para lograrlo, deben explorar los límites de su conducta. Las obsesiones, los fanatismos, llevan a estos personajes, y a otros —como la niña mala o Aldo Brunelli—, a seguir sus manías y sueños, construyendo delirios organizados que los aíslan. En esos extremos de la conciencia y de las acciones, cuentan con las palabras.

Para Vargas Llosa, como para Balzac, según su famoso prólogo a *La comedia humana*, la vida social es una selva hecha de tipos zoológicos. Los nombres de los cadetes en *La ciudad y los perros* (Jaguar, Boa) y los títulos de los libros (*Los jefes, Los cachorros, La ciudad y los perros, La fiesta del Chivo*) son los referentes de una realidad de cazadores y presas, un cosmos animalizado.

Variedad, movimiento. El itinerario de estos personajes se define en cada historia.

No es casual, por ello, que la novela sea el género que privilegia la observación a través del cambio. A diferencia del cuento, que ofrece unas pocas situaciones que reflejan para siempre el destino y la identidad de sus protagonistas, la novela promueve el discurrir como expresión de la identidad. La acción de los personajes de Vargas Llosa —sus diálogos, sus actos, sus sueños— permite las revelaciones a lo largo del espacio y del tiempo.

La diversidad es inseparable del movimiento. Sus personajes no dejan de emprender travesías. La ruta es el descubrimiento, no el medio sino el fin del viaje. El propósito de la travesía es ella misma. Escribir novelas es emprender aventuras donde no se sabe qué nuevos personajes y situaciones van a aparecer.

La caminata de Santiago Zavala por la ciudad de Lima es un modo de conocimiento que impulsa sus preguntas paralelas («¿en qué momento se había jodido el Perú?», «¿en qué momento me jodí?»). Esas preguntas son inseparables de la dinámica en el espacio, pero también en el tiempo. A lo largo de los recuerdos que comparte con Ambrosio, va a preguntarse con frecuencia «¿fue ahí?». Su caminata en el espacio anticipa su viaje inverso por el tiempo que sucederá en la conversación con Ambrosio. La pregunta sobre el «cuándo me jodí» recorre todo este trayecto espacial y temporal.

Zavalita camina en *Conversación en La Catedral* antes de encontrarse con Norwin. Fushía navega en *La casa verde* contando su historia a Aquilino. Roger Casement viaja al África, trabaja en el Congo, es parte de algunas expediciones de Henry Morton Stanley, y luego llega a la región del Putumayo. Flora Tristán y su nieto Paul Gauguin realizan travesías a puntos distantes: Flora viaja luchando por los derechos de la mujer, Gauguin busca la pureza del arte lejos de las convenciones sociales. Ambos tienen un objetivo común: la búsqueda de algún tipo de paraíso. Urania regresa a Santo Domingo. La niña mala viaja a París, a La Habana, a Londres, a Tokio. Pantaleón y su comunidad de mujeres navegan por el río en busca de dar sus servicios. Antonio el Consejero deambula con su grupo de rebeldes por los sertones. La búsqueda es infinita. El viaje es un desplazamiento de la identidad, su revelación.

Los inicios de las novelas plantean la dinámica como una identidad de los protagonistas. La lancha que «cabecea sobre las aguas turbias, entre dos murallas de árboles que exhalan un vaho quemante, pegajoso» (p. 13), en el inicio de *La casa verde*, señala el movimiento del ojo desde el cual también se narra en *Conversación en La Catedral*:

> Los canillitas merodean entre los vehículos detenidos por el semáforo de Wilson voceando los diarios de la tarde y él echa a andar, despacio, hacia La Colmena. Las manos en los bolsillos, cabizbajo, va escoltado por transeúntes que avanzan, también, hacia la Plaza San Martín (p. 19).

En este pasaje, el ajetreo de los canillitas contrasta con la inmovilidad («detenidos por el semáforo...») de los vehículos. El movimiento de Zavala es de una enorme soledad. Su caminata lenta y resignada está en oposición al flujo del escenario que recorre. Lo mismo sucede con Urania desde el Hotel Yaruba, en uno de los pasajes iniciales de *La fiesta del Chivo*:

> La oscuridad cede en pocos segundos y el resplandor azulado del horizonte, creciendo de prisa, inicia el espectáculo que aguarda desde que despertó, a las cuatro, pese a la pastilla que había tomado rompiendo sus prevenciones contra los somníferos (p. 11).

El resplandor crece de prisa, la oscuridad cede en pocos segundos. Todos los escenarios se mueven de un modo agresivo frente a sus personajes.

Las obras de Vargas Llosa realizan la exploración de la identidad humana a través de la acción. Pero esa acción no es solo física sino psicológica y existencial. En esa espiral dinámica se comprenden los largos procesos interiores, las desesperadas frases que se dicen a sí mismos personajes como Alberto Fernández o el Esclavo o Zavala o Somocurcio.

El movimiento, el cambio, los procesos de transformación, la diversidad de escenarios, son experiencias que se integran a la variedad de perspectivas desde la cual observar la realidad. Si uno examina la biografía de su autor, puede concluir que el azar lo preparó para las variaciones continuas.

*

La casa donde Vargas Llosa nació, el 28 de marzo de 1936, tiene rejas de madera, un jardincito delantero y una puerta flanqueada de columnas blancas. Cualquier visitante puede verla hoy (Boulevard Parra, 101), relativamente cerca de la plaza de Armas de Arequipa. Es allí también donde funciona el museo que lleva su nombre. Fue en el segundo piso de esa casa donde vivieron sus abuelos, don Pedro Llosa y doña Carmen Ureta, y de donde partió a la iglesia su madre, Dora, el día de su boda.

Sin embargo, Vargas Llosa, quien ha visitado la casa varias veces, no tiene un recuerdo consciente de ella. Cuando tenía solo un año de edad, su familia viajó con él a Cochabamba, donde viviría durante los siguientes nueve años. En 1946, volvió al Perú, pero no a Lima, sino a Piura, a estudiar en el colegio de los Salesianos. Iría a Lima en 1947, solo para volver a Piura en 1952, y retornar a la capital al año siguiente.

Arequipa, Cochabamba, Piura, Lima: a los diecisiete años ya ha vivido seis temporadas en cuatro ciudades de geografías y culturas distintas. Ha pasado del cielo inmaculado de Arequipa, una ciudad al pie de los volcanes, al de Cochabamba, en la provincia de Cercado, junto al río Rocha, en un valle de la cordillera de Tunari. Luego llegará a los desiertos ardientes de Piura y, con apenas once años, a las nebulosas del cielo de Lima. Estas mudanzas tan tempranas constituyen un fenómeno capital, que anticipa una vida y una obra hechas en el cambio, el movimiento y la diversidad. En el inicio de esta biografía signada por los desplazamientos, se produce la transformación más dramática de todas. El episodio, bien conocido, supone una escisión existencial. Hasta la edad en la que conoce a su padre, vive en la armonía del mundo familiar de los Llosa, con su madre, sus primos, sus abuelos y sus tíos. A los diez años se entera de la existencia de su padre, que había creído muerto. Hasta entonces lo había idealizado en una foto en la que aparecía con una gorra de marinero, amable y sonriente. Lo había imaginado como un hombre que había viajado por muchos lugares en el mundo, con un sinfín de historias que contar. Sin embargo, el padre que llega a ocupar el lugar del hombre en la foto es bastante distinto al de la imagen que había acariciado. Se trata de un ser tosco y duro, que lo deja de lado, para estar con su madre. Las únicas relaciones entre los dos están signadas por los maltratos paternos.

Esta comprobación es decisiva en su ingreso a la adultez. La irrupción de la realidad ha revelado que su pasado familiar, en los mimos y comodidades de la familia Llosa, era una ficción. La brecha que separa la realidad de la ficción parece insalvable. Al resquebrajarse el paraíso debe buscar, desde ese día, los modos de reconstruirlo en las palabras. Reconstruir, reformular, idear la ficción es una necesidad sin la cual la existencia resulta intolerable. Puesto que, como dijo Marcel Proust, los «únicos paraísos verdaderos son los paraísos perdidos», escribir historias es un modo, siempre recomenzado, de recuperarlos. Sin ese incidente de la aparición del padre, Vargas Llosa no hubiera sido un escritor.

La figura paterna va a potenciar su imaginación de figuras poderosas e intrusas. Allí están los dictadores, los patriarcas, las leyes violentas en todas sus novelas. Son personajes duros y autoritarios pero que, como Trujillo, se deterioran y son finalmente destruidos. Esta recreación del poder y de su destrucción es consustancial a su literatura, como un vehículo de reconstitución y venganza frente al poder. La vida del poderoso va a tener un fin en las ficciones que origina. Es el fin que escenifica como una venganza, en contra del padre.

El movimiento en la biografía de Vargas Llosa va a continuar. Desde el descubrimiento del padre, viviendo ya en Lima, él y su madre van a mudarse por diferentes casas de la ciudad. Estas mudanzas, marcadas por las peleas y reconciliaciones, aumentan la sensación de una realidad inestable y errática. El único punto de apoyo es la imaginación.

Ya que su respuesta es el exilio en el mundo de la lectura, la ficción de las novelas le hace concebir una teoría coherente sobre la narrativa. Una novela es una tentativa de homicidio del padre, es decir, de Dios. El escritor es un deicida. Busca destruir la realidad, obra divina. Reemplaza la realidad concreta por una ficticia. El mundo familiar de la comunidad de los Llosa, el de sus primos, y sus tíos Lucho y Olga, es un territorio añorado. El viaje a París, la vida en Europa y un itinerario errante desde entonces van a ser el contexto de una existencia hecha de transformaciones. Sin embargo, en todos esos avatares, nunca desaparece la nostalgia por el paraíso familiar, que le quiso arrebatar el padre.

*

A lo largo de *El pez en el agua* (1993), Vargas Llosa señala la casa de Diego Ferré en Miraflores como un paraíso familiar. La aparición de su padre, Ernesto Vargas, va a buscar exilarlo o limitar ese ámbito, hecho de una comunidad de parientes. Pero esta reaparecerá en sus obras. Los militantes del paraíso se van a organizar en comunidades. Para sus protagonistas, por esa razón, la tribu recuerda la perdida comunidad familiar. No están los primos y los tíos, pero sí esos otros grupos: el Círculo, las visitadoras, los idealistas de Canudos.

Desde los primeros años, su vida no está signada solo por mudanzas geográficas. Los cambios de ciudades, de países, de lenguas, son acompañados por los cambios de géneros y oficios. Aunque es un novelista de raza (quizá porque la novela es un género mercurial, el que más agradece las intrusiones de los otros, el que mejor engloba la variedad), Vargas Llosa ha publicado numerosos ensayos sobre una enorme variedad de temas, incluyendo el fútbol y la ópera. Ha escrito estudios literarios canónicos, y piezas de teatro (*La Chunga* es la más representada en todo el mundo). Ha incursionado también en un proyecto propio de las personas con vocación por el alto riesgo, el de ser candidato a la presidencia del Perú. Ha reporteado la situación de Irak en plena ocupación y ha llegado como cronista a la provincia de Darién en Panamá. Al igual que a sus personajes, el desafío y el peligro le fascinan porque suponen acercarse a las fronteras de lo real. Es en el peligro donde los personajes se definen a sí mismos. Sus novelas abundan en batallas, retos y afrentas. Sus personajes están dispuestos a dar alguna pelea, hasta donde puedan llegar.

*

Esta no es una visión solo literaria. La realidad física en la que se apoya es inseparable de la visión del historiador, del geógrafo y del antropólogo, del explorador de las dinámicas sociales y políticas. Sus novelas son por eso resultado de la invención de la fantasía y, al mismo tiempo, del rigor de la investigación. Creaciones libres, pero también, a su manera, textos testimoniales de una época, de un escenario natural, de un episodio o de una cultura. No es casual que para registrar esta hazaña en pos de lo diverso, Vargas Llosa haya abrazado todos los lenguajes, todos los géneros y todas las perspectivas. Ha escrito novelas históricas, sociales, políticas, de amor, de crímenes y detectives. Sísifo de la totalidad, cada novela es la nueva construcción de un universo.

Abundante, intenso, diverso, estos son los ingredientes con los que puede aspirar a lo imposible: la novela total. Esta totalidad está hecha de contrastes, pero también de acumulaciones. Su esencia es el caos de lo múltiple. La búsqueda de personajes vulnerables y solitarios como Alberto, como Zavala, como Pantaleón, reside en encontrar un sentido en ese entorno variado y opresivo de la soledad. Ese es el propósito de su rebeldía. Su obra podría definirse como uno de los títulos de la colección de novelas de Sartre: *Los caminos de la libertad* (1945-1949).

Diversidad, totalidad. Abundancia, integración. Caos, libertad. Estas experiencias se convierten en territorios y en tiempos. Todas las realidades, todas las visiones, todos los estilos. La diversidad de los lenguajes es el modo de dar cuenta de la diversidad del mundo y de la variedad de las perspectivas. La única manera de recrear el «país de las mil caras» es con la novela que las contenga.

No es casualidad que el Perú, con sus contrastes culturales, su riqueza social, geográfica y artística sea el escenario más favorable para esta exploración. La diversidad del Perú es ideal para la búsqueda múltiple y el registro de lo heterogéneo que impulsa a Vargas Llosa. Como ya lo había señalado José María Arguedas en el «¿Último diario?», de su novela *El zorro de arriba y el zorro de abajo* (1971), el Perú es una tierra donde conviven todas las razas del mundo. Es por lo tanto un hogar adecuado a una vocación por la infinita variedad. Todas las razas y todos los tipos humanos, todas las geografías y todos los interiores. Allí están el serrano Cava, que tiembla cuando sabe que tiene que robar el examen; el limeño Jaguar, que le da órdenes escuetas desde el centro oscuro del Círculo; el negro

Vallano, que se siente orgulloso de su uniforme y anima a los demás a ir donde la Pies Dorados; el blanco Alberto Fernández, que extraña a su amigo el Esclavo y denuncia al Círculo una tarde entre las voces sórdidas y festivas de una cantina; el nissei Fushía, que navega interminablemente en el río y que pregunta a Aquilino si ha contado los días desde que salieron de la isla, para recibir una respuesta fulminante («Qué te importa el tiempo, para qué sirve eso» [p. 160]); el moreno Ambrosio, que va de un lado a otro después de la muerte de don Fermín hasta concluir que «después, bueno, después ya se moriría ¿no, niño?» (p. 742).

La lista de personajes de distintos orígenes sociales y raciales podría seguir: la amazónica Brasileña, que muere de un disparo y se convierte en una heroína de la causa en un entierro con honores militares; Tere, la sobria y modesta limeña de clase media, que hace suspirar al Esclavo, recibe las visitas de Alberto y se casa con el Jaguar; la desfachatada y proletaria niña mala, quien, con su delirio metódico, lleva de un lado a otro a su devoto novio, el tímido, recatado y apasionado traductor de clase media Somocurcio; el oficial piurano Lituma, que debe ir al campamento minero Naccos en los Andes; el gran Antonio el Consejero, que no viene de ninguna parte y, desde esa zona desconocida de la sociedad y de la vida, lidera una gran revolución de los desposeídos; el discreto empresario provinciano Felícito Yanaqué, que se niega a pagar las extorsiones en un acto de resistencia secreta; el manchado Saúl Zuratas, de padre judío europeo y madre criolla, quien se convierte en el hablador machiguenga; el riguroso y disciplinado oficial Pantaleón Pantoja, que inventa una comunidad de mujeres basada en el cumplimiento de su sociedad de servicios sexuales; el hijo de una familia burguesa, Santiago Zavala, que contempla el mediodía gris antes de entregarse al embrujo del pasado en su encuentro con el chofer de su padre; el nativo Jum, cacique de Urakusa, que es apresado y torturado en la selva peruana; el todopoderoso dictador que insulta y desprecia al Constitucionalista Beodo mientras espera a un subordinado que va a entregarle a su hija.

Todas las razas, todas las acciones, todos los rostros. La obra de Vargas Llosa es un llamado a la totalidad, un fin imposible e irrenunciable[*].

*

Si todos los hombres y mujeres aparecen en sus libros, también aparecen niveles narrativos superpuestos. Las acciones, las frases de diálogos, los saltos del inconsciente, se suceden. Asimismo, se despliegan modelos de novela de diferentes épocas. Recogiendo las afirmaciones de José María Valverde, José Miguel Oviedo ha dicho con razón que Vargas Llosa integra las historias potentes y atractivas de las novelas decimonónicas con las técnicas modernas[**].

Líderes, rebeldes, idealistas, desplazados, solitarios que se integran. Víctimas que son victimarios. Héroes que fracasan y persisten. Todos van orbitando en ese universo regido por el abrazo horizontal a la diversidad

---

* Una espléndida explicación de toda la obra de Vargas Llosa, y especialmente de la evolución de sus personajes, puede encontrarse en el libro de Efraín Kristal *Tentación de la palabra. Arte literario y convicción política en las novelas de Mario Vargas Llosa*, Lima, Fondo de Cultura Económica, 2018.

** José Miguel Oviedo, *Mario Vargas Llosa: La invención de una realidad*, Barcelona, Barral Editores, 1970, pp. 80-81.

y la ambición vertical a la totalidad. Sus voces son gritos en el sol de la batalla como los soldados en la guerra de Canudos, y susurros fúnebres junto a la luna de las meditaciones, como los de Lituma en una noche costeña.

Si el poder es monolítico, la realidad debe ser diversa. La diversidad es la venganza del rebelde frente al monoteísmo del poder: una respuesta al autoritarismo.

*

En este mundo de la variedad y el movimiento, la convivencia de personajes tan disímiles no puede ser pacífica. Hay una marca agónica entre ellos. Todos luchan por prevalecer sobre los otros. La diversidad, la totalidad, la abundancia son inseparables de otro rasgo esencial en la obra de Vargas Llosa. Se trata del papel que cumple el poder en las vidas de sus personajes.

2. Una teología del poder

Estas novelas dramatizan una exploración sobre la naturaleza esencialmente siniestra del poder. Vargas Llosa es el poeta de su maldad. Su indagación está definida por las posibilidades de los seres humanos para lidiar con la pugna del dominio, siempre presente en sus vidas. El poder es una fuerza divina que permea la realidad. En estas novelas, la teología del poder puede entenderse como un intento por explorar su prevalencia absoluta en la realidad. El espíritu de dominio es la esencia de la vida social y de la vida misma.

Desde que conoce a su padre en el Hotel de Turistas en Piura, y es llevado a la fuerza con él y con su madre a la carretera, rumbo a Chiclayo, las respuestas de Vargas Llosa al poder son de dos tipos. Uno es el de la rebeldía. El niño Mario se enfrenta a su padre, sufre maltratos de él y trata de convencer a su madre de alejarse de «ese señor» (p. 13), como lo llama en *El pez en el agua*. El otro es el de la evasión: las lecturas, los libros y la ficción aparecen como un modo de exilarse de una realidad insoportable. Estas dos respuestas van a ser las que asumen sus personajes. Zavalita desafía a su padre y al gobierno de Odría. El Jaguar confronta a la institución del colegio. El Consejero se enfrenta a la República. Una noche, bailando con ella en el Grill Bolívar, Mario, el joven de dieciocho años, besa por primera vez a la tía Julia, rebelándose contra las consignas de la familia. Por otro lado, aparecen los evasores. El escribidor se refugia en la ficción infinita. Gauguin busca la purificación del arte. La niña mala quiere convertirse ella misma en la materia de sus sueños. La obra de Vargas Llosa es un homenaje al heroísmo del rebelde como un confrontador, pero también un elogio al evasor como un creador.

La rebelión contra el poder no es solo la que confronta a la autoridad de un dictador, un padre o un caudillo. Es además la rebelión contra la realidad misma, que es vista como un abuso del poder. El padre es el pecado original de la realidad. La ha contaminado del mal.

Rebeldía, evasión. Confrontación, sueño. Revolución, creación. Los personajes de Vargas Llosa van a replicar estas dos vías para lidiar con el poder, que con frecuencia se confunden. Pantaleón se rebela contra el ejército, pero crea una utopía que es un sueño estético propio. Aldo Brunelli se enfrenta a los «atilas» que quieren destruir los balcones y crea un ideal que integra a su comunidad.

*

Buscar, transgredir, retener el poder son obsesiones alternativas que guían la vida de sus protagonistas. En frescos sociales como *La guerra del fin del mundo* o *Conversación en La Catedral,* y en retratos privados como *Elogio de la madrastra* o *Travesuras de la niña mala* (2006), la búsqueda, la transgresión, la usurpación o la destrucción del poder son instintos básicos de sus personajes, el gesto de afirmación en su lucha por la supervivencia. Sus acciones están guiadas por su relación con el poder. En un pasaje de *La guerra del fin del mundo,* esta experiencia está retratada en las palabras del Barón de Cañabrava:

> Nadie nos va a arrebatar lo que es nuestro. ¿No están, en este cuarto, el poder político de Bahía, la administración de Bahía, la justicia de Bahía, el periodismo de Bahía? ¿No están aquí la mayoría de las tierras, de los bienes, de los rebaños de Bahía? Ni el coronel Moreira César puede cambiar eso. Acabar con nosotros sería acabar con Bahía, señores (p. 254).

La frase del Barón de Cañabrava es reveladora porque el poderoso con frecuencia se atribuye la representación del lugar que está a su mando: «Acabar con nosotros sería acabar con Bahía, señores». Es la misma equivalencia que hacen los dictadores en cualquier país hoy en día. Según ese criterio, un ataque al dictador es un ataque al país.

Pero la estructura del poder no solo se compone de dominadores y dominados. Hay individuos que viven en una escala intermedia. En *La ciudad y los perros,* a diferencia del Esclavo, Alberto se ha adaptado al sistema. Puede sobrevivir en él porque es un escritor que se afirma en el grupo, por su capacidad de producir palabras. Vive de vender sus cartas de amor y sus novelitas. Es un rebelde en una escala intermedia entre las autoridades y los cadetes. Ofrece estas «cartas y novelitas» para ganarse la consideración de los demás, pero no es un miembro del Círculo. Es esencialmente un solitario, como lo ha sido Vargas Llosa a lo largo de su carrera: un escritor sin un grupo que lo resguarde. Alberto vive al margen de los dos sistemas que lo presionan: el de las autoridades del colegio y el del Círculo. No ha renunciado a la justicia. Sin embargo, su conducta no se rige por un código como el manual de conducta del colegio militar, sino por una pasión instintiva. Es sobre todo un ser dominado por sus emociones.

En la obra de Vargas Llosa la moral nunca está disociada de las emociones y los instintos. Hay un deber emocional y esencial a Alberto, que es el sentido de la lealtad al amigo. Este sentido lo impulsa a defender al Esclavo. Este es quien sufre injustamente los abusos en una realidad determinada por la ley del más fuerte. En la segunda parte de la novela, luego de la muerte del Esclavo, el Jaguar pasa de ser el dominador a ser el acusado y dominado por los otros. El Jaguar resiste solo contra los embates y las acusaciones del resto, que lo acusa de ser un soplón. Es entonces cuando aparece su verdadera identidad. La novela es un viaje de exploración hacia la develación de la identidad moral del Jaguar. El poder es cambiante y errático gracias al movimiento de la historia.

En *La ciudad y los perros*, el itinerario del poder tiene tres grandes etapas. En la primera, al asumir la defensa del Esclavo, Alberto se convierte en un rebelde frente a los abusos de los demás cadetes. Defender al Esclavo es la primera misión de Alberto. En la segunda etapa del proceso, cuando el Esclavo muere, decide vengarlo al delatar las acciones del Círculo. En la tercera y definitiva, se enfrenta al Jaguar. Es entonces cuando se produce la revelación fundamental del libro. Al enfrentarse al Jaguar, ocurre un giro decisivo en la novela: sentimos que termina olvidándose del Esclavo y admirando la solidez moral del Jaguar. Los esquemas de dominado y dominador quedan relativizados por esa revelación. El Jaguar no era un verdugo, sino también un ser humano vulnerable que busca defenderse de su pasado.

La ciudad y los perros adquiere una nueva dimensión en este giro maestro. Cuando parecía que iba a ofrecer una simple disputa maniquea que divide a un supuesto héroe (el Esclavo o el Poeta) contra un agresor (el Jaguar), el libro matiza la villanía de este. Lo convierte en un personaje noble. Al mismo tiempo, hace que aparezcan sombras sobre la inocencia del Esclavo, un delator. Si el Jaguar termina siendo un héroe es porque el libro afirma finalmente que todos son héroes y, a la vez, víctimas en un sistema que los devora.

El momento decisivo de ese giro aparece al final del sexto capítulo de la segunda parte. Cuando confronta al Jaguar, Alberto le dice:

> ¿Sabes cuál va a ser tu vida? La de un delincuente, te meterán a la cárcel tarde o temprano.
>
> —Mi madre también me decía eso —Alberto se sorprendió, no esperaba una confidencia. Pero comprendió que el Jaguar hablaba solo; su voz era opaca, árida (p. 398).

Cuando se esperaba una respuesta violenta, el aspecto del Jaguar se vuelve sombrío. Responde con esa declaración que parece ser un destino. En ese instante, Alberto empieza a sentir una empatía con el Jaguar, es decir, a relativizar su rechazo moral. El asesino al que él había denunciado se ha vuelto un hombre extraño y apesadumbrado, que recuerda las premoniciones de su madre.

La aparición de la humanidad del Jaguar, su inesperada nobleza, coincide con su pérdida de poder. Después de la muerte del Esclavo y de la rebelión de los cadetes que lo culpan por la delación, el Jaguar empieza a perder su condición de líder. Solo así se humaniza. En la obra de Vargas Llosa, el ejercicio del poder absoluto tiene una connotación moral.

Ninguno de estos tres personajes puede ser comprendido sin los otros porque el juego que se establece en ellos es el del poder. Este juego se transforma cuando Alberto se enfrenta al Jaguar («No te tengo miedo» [p. 398]). Es entonces cuando, al igualarse a él, escucha su confesión.

Las relaciones de poder crean lazos instintivos, necesarios para la identidad de los personajes. El Jaguar ejerce su poder sobre el Esclavo. Alberto se rebela contra el poder del Jaguar y termina por admirarlo. Los tres aparecen como víctimas de un poder superior que el del sistema que los condiciona.

Siendo tan distintos, el Jaguar, Alberto y el Esclavo coinciden en su interés por Teresa, que funciona como un personaje distante pero aglutinador. Finalmente, como cerrando el círculo de las relaciones de los cadetes con ella, en un desenlace irónico e inesperado, el Jaguar se casa con Teresa. Este es un hecho singular porque ella es considerada con frecuencia un personaje pasivo, pero en realidad cumple un rol activo en esta historia. Representa un ideal de supuesta inocencia en medio de una realidad violenta, que atrae e integra a tres protagonistas de naturaleza tan distinta.

Ninguno de estos tres personajes puede ser entendido sin el teniente Gamboa, un padre sustituto, un ejemplo de rectitud y buenas intenciones. Sin embargo, es el único que cree en las virtudes de la institución y en su capacidad de justicia. El Jaguar le confiesa haber matado al Esclavo porque admira al teniente Gamboa.

Es el único que se le puede igualar desde el otro lado del poder. Según Efraín Kristal, «desde el punto de vista del Jaguar, Gamboa es el único de los miembros de la escuela que ha sido fiel a su propio código de comportamiento, como él mismo ha sido fiel a su código de lealtad y venganza»*.

Javier Cercas, por su lado, afirma que «el Jaguar es un extraño descendiente perverso de los protagonistas de los libros de caballerías —tan leídos por Vargas Llosa en los años en que escribía la novela—, un caballero andante fiel sin condiciones a un código moral parecido al de los caballeros andantes medievales, hecho de reglas inflexibles de honor y coraje y venganzas y lealtades y traiciones y castigos». Más adelante dice: «De ahí la ambigüedad moral del personaje y nuestro vértigo: al final de *La ciudad y los perros* no podemos evitar reconocer una cierta grandeza en el Jaguar» porque «sentimos que en su perfecta fidelidad a una ética equivocada, hay una pureza que nos interpela y nos perturba»**.

El impulso moral y el ritual del poder son dos claves esenciales a sus personajes. Este juego de poderes se convierte en un choque de sistemas morales. Cada uno de los personajes tiene una moral propia, de acuerdo a su percepción del mundo. El Jaguar sostiene una moral de la violencia como una forma de sobrevivir. En su código, la violencia es constitutiva para los cadetes («Yo les enseñé a ser hombres

---

* Efraín Kristal, «Refundiciones literarias y biográficas en *La ciudad y los perros*», en Mario Vargas Llosa, *La ciudad y los perros,* Madrid, Real Academia Española / Alfaguara, 2012, p. 551.

** Javier Cercas, «La pregunta de Vargas Llosa», en Mario Vargas Llosa, *La ciudad y los perros,* Madrid, Real Academia Española / Alfaguara, 2012, p. 494.

a todos esos» [p. 434], le va a decir a Alberto). El Poeta sostiene una moral de la defensa de su amigo el Esclavo contra el Círculo. Gamboa sostiene una moral de la disciplina del ejército. El único personaje que ha perdido sus energías morales o que nunca las tuvo es el Esclavo, que procede a delatar al Círculo solo por su deseo de ver a Teresa.

Cuando el Jaguar es acusado de ser un «soplón» por los demás cadetes, se convierte en una figura maldita. En una entrevista con Enrique Krauze, realizada en la Universidad de Lima en 2011, Vargas Llosa recordaba cómo es que el gobierno del general Odría introdujo a sus agentes en la Universidad de San Marcos para delatar a los alumnos implicados en actividades políticas de oposición al gobierno. Ser «soplón» es violar el código del rebelde, es decir, del transgresor. Es un atentado a la comunidad que ha creado el líder transgresor. La falta de solidaridad, pertenencia y compromiso con el grupo es una de las sanciones morales determinantes en el universo vargasllosiano.

Al final de *La ciudad y los perros*, el Jaguar escribe una carta confesando ser el autor de la muerte del Esclavo. El teniente Gamboa sabe que podría salvarse llevando al Jaguar a las autoridades («Lléveme donde el coronel» [p. 446], le dice el Jaguar), pero no lo hace. Hay una mezcla de nobleza y de escepticismo en esa decisión, oculta por su explicación militar («¿Sabe usted lo que son los objetivos inútiles?» [p. 446]). Incluso cuando es defenestrado por el ejército, el teniente Gamboa cita el manual de la institución para explicar lo que ha ocurrido. Es un militar puro.

Por su lado, el Jaguar es muy elocuente en su explicación, que parte de una confesión: «Yo no sabía lo que era vivir aplastado» (p. 444). Sin embargo, no logra convencer a Gamboa, que no acepta salvarse: acepta su suerte (ser enviado lejos) porque ha aprendido que el ejército en el que tanto creyó es una farsa. Y, sin embargo, seguirá siendo parte de la institución. Obedece su orden de cambio. No tiene una identidad fuera del ejército. En ese sentido, es un antecedente de Pantaleón que, a diferencia de Gamboa, reinventa su filiación con el ejército creando uno propio. La salida de Gamboa al final de la novela «por la avenida de Las Palmeras, en dirección a Bellavista» (p. 446), en ese día en el que las olas mueren instantáneamente, es uno de los momentos culminantes de la historia. Es la desaparición y la vigencia de un «héroe discreto».

Por los documentos y cartas sobre la novela que se conservan en la Universidad de Princeton, sabemos que el Esclavo y el Poeta eran el mismo personaje y que tienen mucho que ver con la vida de Vargas Llosa: ambos vienen de familias tiranizadas por el padre. No hay que olvidar que al Esclavo en la novela, al igual que a Vargas Llosa en la vida real, le revelan que su padre vive cuando pensaba que había muerto. Por otro lado, el Poeta representa la actividad de Vargas Llosa como escritor en el colegio. El Jaguar es el principal líder frente al poder de la institución militar, el rebelde por excelencia.

Aunque el Esclavo es finalmente olvidado, los tres corresponden a aspectos en la vida de su autor. Siendo tan distintos, son víctimas y victimarios. Todos son aplastados por el sistema que no tiene rostros individuales. Los individuos solo existen en la oposición al sistema.

A pesar de la violencia y sordidez de sus escenarios, *La ciudad y los perros* es una novela optimista. En cierto sentido, sus personajes se convierten en héroes que por momentos esbozan sus deseos de ser dignos a pesar de estar inmersos en un universo corrompido. Todos resultan víctimas de un sistema que no tiene rostro. Su raigambre romántica es clara. La novela es un homenaje a los individuos en su eterna capacidad de rebeldía.

La visión de otras novelas como *Conversación en La Catedral* y *La casa verde* seguiría caminos similares. Si el sistema aplasta a los individuos, estos seguirán enfrentándose al sistema, aun cuando sepan que todo está perdido. La obra de Vargas Llosa es por ello un homenaje a la incansable necesidad humana de rebelión, en cualquiera de sus formas: la confrontación, la evasión, el arte de contar historias y creer en ellas.

*

Todos los protagonistas de Vargas Llosa son buscadores de los extremos de la realidad. Ansían traspasar los límites marcados por las normas sociales y culturales, encontrar nuevos caminos para su viaje y su transgresión. Vargas Llosa concibe a los seres humanos como unas voluntades inquebrantables, apuntando siempre a una nueva dimensión de su identidad. Su ser se realiza en la incandescencia de la lucha. La niña mala, Pantaleón, Gauguin: buscadores incansables hasta que la realidad los alcanza.

Ya en sus primeras novelas, los personajes están nombrados por el lugar que ocupan en la escala del poder. El Jaguar, el Esclavo. Los inconquistables. Lo mismo ocurre con Jacobo Árbenz (conocido como «el soldado del pueblo»), que se rebela contra el sistema y es derrocado por un golpe de Estado que auspician el gobierno americano y la United Fruit Company. Los rebeldes están en todos los tiempos y en todos los escenarios. Son una clave en el modo como Vargas Llosa entiende la existencia.

Es por eso que el poder despliega un espejo en movimiento. Su naturaleza es esencial a los seres humanos, pero su función es cambiar de rostros. Cayo Bermúdez vive como un hombre común, («en una casita amarilla, detrás de la iglesia» [p. 63], donde «todo estaba gastado, sobraban cosas en el cuarto» [p. 64]) en medio de dificultades en Chincha, hasta que el poder lo convierte en un ser autoritario y corrupto. Al final de *La ciudad y los perros*, fuera de las cuadras, como empleado común y corriente, el Jaguar tiene el mismo poder que Mayta como vendedor en su tienda de Miraflores. En las últimas páginas de *Historia de Mayta* (1984), mientras vuelve a «las basuras de la barriada» (p. 366), Mayta sospecha que «había actuado "objetivamente" como un delincuente común» (p. 363) o como «un ingenuo y un tonto» (p. 363) ante los demás camaradas.

El ejercicio del poder abre una caja de Pandora en los seres humanos. Es una fuente de revelación de su maldad. En los espacios y tiempos del poder emergen las zonas oscuras que anidan en la inconciencia. Pero, al igual que el que ejerció «ese señor» Ernesto Vargas sobre su hijo, el poder de un mismo individuo no es eterno.

La rebelión y la fantasía no son caminos distintos sino fuerzas que pueden complementarse y, de hecho, se integran la una en la otra.

La razón por la que el poder tiene tanta significación en el universo de Vargas Llosa es que es la única garantía de supervivencia social, la clave a través de la cual el héroe pugna por su identidad o la pierde, en un universo marcado por la ley de la violencia.

Pero la paradoja del rebelde es que solo puede confrontar el poder si se vuelve igual a sus enemigos. Si el Jaguar y los cadetes son oprimidos por el poder institucional, crean un nuevo sistema de poder, el Círculo. Si el ejército ignora a Pantaleón, este crea un poder paralelo, las visitadoras. Si la República condena a los habitantes de los sertones, el Consejero crea la comunidad de Canudos, donde es el líder. La conclusión es evidente: para enfrentar al poder, el individuo necesita crear una comunidad donde ejerza su propia cuota de poder. Frente al poder institucional, la respuesta de estos insurgentes es un poder alternativo.

Cuando el líder rebelde reconstruye el mundo, potencia la nueva identidad de quienes lo rodean. Les da un nuevo nombre. Los seguidores de Brunelli son «los cruzados». El Jaguar no tiene un nombre conocido. João Abade se convierte en João Satán. Felicio se convierte en el León de Natuba. Antonio se convierte en el Consejero. La niña mala adopta infinitos nombres. No sabemos el nombre de Pichula Cuéllar. Si la obra de Vargas Llosa es una exploración en la problemática del poder, es también una indagación en los límites del lenguaje para nombrarlo.

Fábrica de sueños para quienes lo detentan, el deseo de poder justifica la búsqueda de sus seguidores. Hay una galería de personajes secundarios, advenedizos y cortesanos en la obra de Vargas Llosa. Son los segundos incondicionales. El poder es vivido de un modo secundario por Cerebrito Cabral y Henry Chirinos en *La fiesta del Chivo*; por Lituma en *¿Quién mató a Palomino Molero?*; por Boa, Cava y Rulos en *La ciudad y los perros*. Todos ellos cortejan, secundan, buscan aferrarse al poderoso. Son una especie derivada del líder. Se sienten seguros solo bajo su sombra. Establecen un pacto de mutua necesidad, aunque luego puedan traicionarlo.

Pero la rebeldía siempre va a ser castigada. En *La casa verde*, Jum, el jefe aguaruna, intenta crear una cooperativa para pasar por encima de la organización de intermediarios de herramientas, telas y alimentos del negocio del caucho. Por rebelarse contra el monopolio, Jum es humillado y torturado. Le cortan el pelo, lo cuelgan de dos árboles. También es castigada Bonifacia, que se rebela contra las monjas de la misión de Santa María de Nieva y libera a un grupo de muchachas recién reclutadas. Luego es expulsada y empieza un largo periplo junto a Adrián Nieves. Finalmente, Bonifacia se casa con Lituma, se convierte en amante de Josefino y es prostituida en la casa verde bajo el nombre de «la Selvática».

El poder no tiene solo una dimensión social, sino doméstica. Está fundado tanto en la fuerza como en las artes perversas de la intriga. En *Elogio de la madrastra*, Fonchito aspira al poder familiar tras haber visto el cariño de su padre usurpado por su madrastra. El niño es un artista de la seducción, que busca ocupar el centro de la familia. Al descartar a su madrastra a través de engaños, ha establecido su dominio, ha recuperado y a la vez derrotado y humillado a Rigoberto, su padre. Instaura un orden donde él es el nuevo dominador. Por otro lado, la niña mala ejerce un poder permanente sobre Somocurcio. Es él quien la sigue a lo largo de sus distintas identidades. En *El héroe discreto* (2013), el hijo de Felícito Yanaqué quiere usurpar el poder de su padre a través de los anónimos. En este caso, el rebelde es el padre, que se opone al poder del hijo.

Padre o hijo, en la ciudad, en la selva o en el desierto, la lucha del rebelde es el motor de las narraciones de Vargas Llosa. Es el hilo conductor que sostiene su existencia. Sus historias muestran la épica de los luchadores: Zavalita contra su padre y contra el gobierno; Alberto contra el Jaguar y las autoridades del colegio; los conspiradores contra las fuerzas de Trujillo; Gauguin y Flora Tristán contra las convenciones sociales y estéticas de su tiempo; la niña mala contra sus orígenes familiares de pobreza en Lima. La identidad de los personajes se define en su relación con la lucha. Son quienes son en el ejercicio de su libertad. Este rasgo se presenta en el testimonio de su autor:

> No he querido mostrar a mis personajes como simples resultantes de fuerzas ajenas, sino señalar cómo consiguen sobrevivir dentro de las coordenadas en las que se encuentran insertos. Ellos eligen siempre entre alternativas y son responsables de su destino. Mis novelas están basadas en ciertas personas y cosas que yo viví y en cómo lograban esas personas superar las determinaciones entre las cuales vivían*.

* Entrevista a Mario Vargas Llosa, por Carlos Cortínez, reproducida en «Vargas Llosa: el fin del complejo de inferioridad de los escritores latinoamericanos», *La Cultura en México, ¡Siempre!*, N° 373, México, 16 de abril de 1969, pp. 3-4. Citado por José Miguel Oviedo en *Mario Vargas Llosa: La invención de una realidad*, Barcelona, Barral, 1970, p. 97.

La idea de «superar las determinaciones» es la definición del rebelde. Su acción no solo es de este mundo. Con frecuencia, la rebelión tiene el aura de lo sagrado. El rebelde es un héroe (uno de los títulos iniciales de *La ciudad y los perros* fue precisamente «La morada del héroe»). La tragedia esencial de este héroe es que su lucha no puede ser resuelta. En las obras de Vargas Llosa, la rebeldía nunca establece sus dominios de modo permanente.

Pero la rebelión es una relación, es decir, una forma de la dependencia. Si el destino del hijo es el de rebelarse contra el padre, debe organizar su vida en función de esa rebeldía. Cercado por la realidad del padre, ningún hijo puede ignorarla y por lo tanto liberarse de su impugnación. La rebeldía es una identidad. El paradójico drama del rebelde es que depende enteramente de su lucha y, una vez desaparecido el motivo de esta, debe renunciar a su ser. Está sostenido por el padre, contra el que se rebela. Su destino no es vencerlo, sino hundirse con él.

*

¿Qué define el poder en la obra de Vargas Llosa? Hay un cuidado especial en mostrar las evidencias del personaje dominante. Están siempre asentadas en un cuerpo que aparece como prueba y justificación del dominio. El cuerpo de pies «grandes y lechosos, de uñas largas y sucias» (p. 14) del Jaguar, no es del todo distinto al cuerpo cubierto por el uniforme lleno de medallas y la mirada de Trujillo: «Una mirada que nadie podía resistir sin bajar los ojos, intimidado, aniquilado por la fuerza que irradiaban esas pupilas perforantes, que parecía leer los pensamientos más secretos, los deseos y apetitos ocultos, que hacía sentirse desnudas a las gentes» (p. 47). El aspecto de Trujillo está realzado por su anillo de «piedra preciosa, tornasolada» (p. 47).

En *La guerra del fin del mundo* esta dinámica del poder en los cuerpos aparece resumida en un pasaje en que el Enano y la Barbuda deciden seguir a Galileo Gall: «Quizá la razón fue la de la gravedad, los cuerpos débiles imantados por los fuertes, o, simplemente no tener nada mejor que hacer, ninguna alternativa, ninguna voluntad que oponer a la de quien, a diferencia de ellos, parecía poseer un itinerario en la vida» (p. 304).

Los cuerpos anchos y voluminosos imponen su autoridad en la lucha. El duelo de poder se convierte en un duelo de contexturas y auras radiantes como en el pasaje de *Conversación en La Catedral* en el que el coronel Espina se encuentra con Cayo: «El coronel Espina le sonreía con afecto, había perdido mucho pelo pero los mechones que conservaba no tenían una cana, y su cobriza cara se mantenía lozana; paseaba despacio sus ojos por el rostro curtido e indolente de Bermúdez, por el cuerpo avejentado y ascético encogido en el vasto sillón de terciopelo rojo» (p. 77).

Una expresión más acabada del reconocimiento del cuerpo como señal de autoridad ocurre en otras novelas, como en *La fiesta del Chivo:*

> El Generalísimo, en su escritorio, lucía un uniforme que Antonio no recordaba: guerrera blanca y larga, de faldones, con abotonadura de oro y grandes charreteras de dorados flecos sobre la pechera, de la

cual pendía un multicolor abanico de medallas y condecoraciones. Llevaba un pantalón azul claro, de franela, con una raya blanca perpendicular. Se dispondría a asistir a alguna ceremonia militar. La luz de la lamparilla iluminaba la cara ancha, cuidadosamente rasurada, los cabellos grises bien asentados y el bigotito mosca, imitado de Hitler (a quien, le había oído decir alguna vez Antonio, el Jefe admiraba «no por sus ideas, sino por su manera de llevar el uniforme y presidir los desfiles»). Aquella mirada fija, directa, clavó a Antonio en el sitio apenas cruzó el umbral (p. 118).

El cuerpo del subordinado, en cambio, aparece registrado claramente, como ocurre con Abbes García: «Tenía encima, rozándolo, la cara abotargada, los ojos de párpados caídos, de tortuga, de Abbes García» (p. 321).

Con el cuerpo del poderoso en un lugar central, quienes lo rodean deben definir qué hacen, qué dicen, a quién aman, a quién desean, a quién odian, qué esperan y a qué le temen, en suma, quiénes son, de acuerdo a su relación con el líder o el sistema de poderosos. El poder establece mapas de territorios estructurados en torno a un núcleo del mal.

*

Zona de fijación de la conciencia, el cuerpo aparece en Vargas Llosa como una expresión del sexo y de la violencia ajenos y propios.

Esta tendencia se ve reflejada en las secuencias de tortura que aparecen en *La fiesta del Chivo:*

> Ramfis movió la cabeza y Pupo se sintió lanzado con fuerza ciclónica hacia adelante. El sacudón pareció machacarle todos los nervios, del cerebro a los pies. Correas y anillos le cercenaban los músculos, veía bolas de fuego, agujas filudas le hurgaban los poros. Resistió sin gritar, solo rugiendo (p. 229).

Lo mismo puede decirse de los rituales de bautizo al que se someten los alumnos de tercer año del colegio militar en *La ciudad y los perros* (las patadas del suboficial Pezoa y los concursos de masturbación). Las «canas, barriguitas, pequitas y arruguitas» (p. 172) de los protagonistas de *Los cachorros* (1967) aparecen como una evidencia del deterioro del cuerpo y de la existencia misma.

Pero el cuerpo puede ser también el terreno de realización de la utopía individual. Las purificaciones del cuerpo que Gauguin ensalza en sus cuadros de arte primitivo son una secuela de las abluciones de Rigoberto en el baño de su casa. Asimismo, la noción del cuerpo como una seña de la identidad se desarrolla en *Travesuras de la niña mala* cuando la protagonista cambia de aspecto físico y, con ello, de identidad en los primeros capítulos del libro. Finalmente, cuando se ve avasallada por la enfermedad, su cuerpo herido y descompuesto señala el fin de su vida de fantasías. Cuando en uno de los reencuentros el narrador descubre que «los huesos de la frente, de los pómulos, del mentón, sobresalían, estirando la piel, muy pálida y con los visajes verdosos acentuados» (p. 215), sabemos que se ha iniciado el fin de la niña mala, cuyos brazos, sin embargo, seguirán emitiendo luego un perfume para el niño bueno.

«Poder» y «posesión» son expresiones que se remiten la una a la otra. La posesión sexual a través del coito o la violación y la posesión violenta a través de la tortura son certificaciones del dominio. El deseo sexual del sargento Silva hacia doña Adriana en *¿Quién mató a Palomino Molero?* es un ejemplo.

Silva la vigila, la busca, vive para mirarla a la distancia. La posee a través de los ojos. Le habla a Lituma del cuerpo de doña Adriana: «¿Para qué crees que me desaparezco siempre a eso de las cinco, con mis prismáticos, contándote el cuento de ir a tomarme un cafecito en el Hotel Royal? ¿Para qué crees que me trepo al peñón que está sobre esa playita? Para qué va a ser, Lituma. Para mirar a mi amorcito mientras se baña con su fustán rosado» (p. 87). Silva abunda en la descripción de su objeto del deseo: «Las nalgas duras, las tetas duras, puro músculo de la cabeza a los pies» (p. 87).

Las palabras de Silva son vehículos para la posesión, ante Lituma. No solo importa el deseo de posesión violenta de Adriana sino la afirmación de ese deseo ante su compañero. Busca afirmarse ante él. La frustración de la posesión física se compensa con la posesión del ojo y del lenguaje. El deseo de poder anida en la base del deseo sexual.

La minuciosidad con la que Vargas Llosa retrata el cuerpo de sus personajes se manifiesta en las escenas de erotismo (que forman gran parte de *Elogio de la madrastra* y de *Los cuadernos de don Rigoberto*). El cuerpo de Lucrecia es descrito con una pasión minuciosa por Rigoberto. El aspecto físico de Henry Chirinos en *La fiesta del Chivo* es a la vez un cuidadoso retrato moral: «El pelo que le faltaba en la cabeza le sobresalía de las orejas, cuyas matas de vellos negrísimos irrumpían, agresivas, como grotesca compensación a la calvicie del Constitucionalista Beodo» (p. 148).

Los cadetes del Colegio Militar Leoncio Prado se alinean en el patio de día y hacen concursos de masturbación en la noche. Buscan a su prostituta preferida, la Pies Dorados, como un campo de batalla donde se decide su fuerza frente a la de los otros. Pichula Cuéllar, al ser castrado en *Los cachorros*, pierde el símbolo del poder en la mitología juvenil del grupo.

Las experiencias del cuerpo son un asiento de la identidad. El cuerpo es una expresión existencial y moral de la conciencia, el registro de las pugnas del poder.

*

Uno de los ejemplos es la descripción del cadáver de Palomino Molero que, «a la vez ahorcado y ensartado en el viejo algarrobo» (p. 15), está en «una postura tan absurda que más parecía un espantapájaros o un Ño Carnavalón despatarrado que un cadáver» (p. 15). La descripción sigue:

> Antes o después de matarlo lo habían hecho trizas, con un ensañamiento sin límites: tenía la nariz y la boca rajadas, coágulos de sangre reseca, moretones y desgarrones, quemaduras de cigarrillo, y, como si no fuera bastante, Lituma comprendió que también habían tratado de caparlo, porque los huevos le colgaban hasta la entrepierna (p. 15).

En esta escena inicial, la presentación del cuerpo de Palomino Molero va a servir de premisa a los episodios de violencia física y psicológica de la novela. El ojo del narrador se detiene en el cuerpo torturado y mutilado de Palomino. Acumula detalles («la nariz y la boca rajadas», «coágulos de sangre reseca», etcétera) y llega a su clímax con la prueba de un intento de mutilación («los huevos le colgaban hasta la entrepierna»). Hay otros ejemplos de esta minuciosa fascinación por las huellas de la violencia. En *La guerra del fin del mundo*, el coronel Macedo orina encima del Alférez Maranhão, que ha acusado de cobardes a los miembros del ejército de la República («Pero todavía peor que eso es mearle encima» [p. 817]). Esta violencia física se corresponde en otras ocasiones con la violencia sexual. Las descripciones de Queta, en *Conversación en La Catedral*, se prodigan en los detalles del cuerpo («La señorita le pegaba a la almohada, hacía gimnasia, los pelos colorados le tapaban la cara, en los espejos sus largas piernas parecían las de un enorme ciempiés» [p. 297]). Lo mismo ocurre un poco más adelante en la escena del trío: «Queta estaba ahora de espaldas y Hortensia se veía pequeñita y blanca, ovillada, su cabeza inclinándose con los labios entreabiertos y húmedos entre las piernas oscuras viriles que se abrían» (p. 408).

Por otro lado, las descripciones del cuerpo en la obra de Vargas Llosa suponen una definición integral del personaje. La primera definición del cuerpo del Consejero («era alto y tan flaco que parecía siempre de perfil») alude a su naturaleza sagrada. Su cuerpo simula estar siempre apuntando al cielo. El relato de las acciones del personaje parece derivarse de su descripción:

> El hombre era alto y tan flaco que parecía siempre de perfil. Su piel era oscura, sus huesos prominentes y sus ojos ardían con fuego perpetuo. Calzaba sandalias de pastor y la túnica morada que le caía sobre el

> cuerpo recordaba el hábito de esos misioneros que, de cuando en cuando, visitaban los pueblos del sertón bautizando muchedumbres de niños y casando a las parejas amancebadas. Era imposible saber su edad, su procedencia, su historia, pero algo había en su facha tranquila, en sus costumbres frugales, en su imperturbable seriedad que, aun antes de que diera consejos, atraía a las gentes (p. 23).

Una vez más, en esta descripción se aplica la técnica oximorónica de contrastes visuales. La oscuridad de la piel contrasta con el fuego de los ojos, y la forma del cuerpo «alto y tan flaco que parecía siempre de perfil» con sus «huesos prominentes» y sus ojos que «ardían con fuego perpetuo».

Por otro lado, la novela sigue una estructura clásica, pues se inicia con una descripción y luego con las acciones del personaje, en la tradición del inicio del *Quijote*. La descripción de Vargas Llosa parece tomar como modelo la de Cervantes para reformularla. Si en la página inicial de su novela, Cervantes habla de «complexión recia, seco de carnes» y de una edad («frisaba la edad de nuestro hidalgo con los cincuenta años»), Vargas Llosa toma este modelo no para crear una familiaridad con el personaje, sino precisamente para hacerlo más extraño: «Era imposible saber su edad, su procedencia, su historia». Esta extrañeza sobre el origen está compensada por los efectos de su conducta: «Atraía a las gentes». Al igual que en el inicio del *Quijote*, las primeras páginas de *La guerra del fin del mundo* definen el poder de un personaje no solo por su aspecto físico, sino por las acciones rutinarias que se derivan de él.

El comienzo de *La guerra del fin del mundo,* por otro lado, es en cierto modo un homenaje a las convicciones de la frenología, es decir, la pasión de Galileo Gall, pues asimila las acciones a la apariencia física del protagonista. Uno no puede imaginar al Consejero sino como un hombre con el aspecto descrito en la novela. La descripción es una premisa de su conducta y de la narración.

En *La ciudad y los perros,* el cuerpo también se convierte en el objeto de la agresión. El Esclavo sufre precisamente porque quiere mortificarlo y modificarlo:

> Su cuerpo no respondía ni esquivaba los golpes; debió esperar que el otro se cansara de pegarle. Era para castigar a ese cuerpo cobarde y transformarlo que se había esforzado en aprobar el ingreso al Leoncio Prado; por ello había soportado esos veinticuatro meses largos (pp. 155-156).

Pero el cuerpo no es solo señal del poder del victimario o de la sumisión de la víctima, sino también de la obra del mayor verdugo de todos: el paso del tiempo. La obsesión de Rigoberto por su cuerpo (y su necesidad de estar a la altura de la juventud de Lucrecia) es un ejemplo de cómo busca detener el tiempo, para conservarlo. Su necesidad de satisfacer a Lucrecia lo obliga a una serie de rituales de embellecimiento corporal frente al espejo:

> Hoy era martes, día de pies. Tenía la semana distribuida en órganos y miembros: lunes, manos; miércoles, orejas; jueves, nariz; viernes, cabellos; sábado, ojos; y domingo, piel. Era el elemento variable del

nocturno ritual, lo que le confería un aire cambiante y reformista. Concentrarse cada noche en una región de su cuerpo le permitía cumplir más obsequiosamente con su aseo y preservación; y, asimismo, conocerla y quererla más (p. 76).

Si el cuerpo es un botín, quien posee sexualmente al cuerpo ajeno, como ocurre con la Chunga y la deseada Mechita, se convierte en un depredador.

Sin embargo, en *Elogio de la madrastra*, el primer encuentro sexual entre Rigoberto y Lucrecia sugiere una aproximación más delicada: «Lo oía murmurar que la quería, susurrar tiernamente que con ella había empezado para él la verdadera vida» (p. 19). Y luego: «Lo oyó ronronear como un gato mimoso, retorciéndose bajo su cuerpo» (p. 19).

Travesuras de la niña mala es la historia del cuerpo como una fantasía del deseo. Instrumento de evasión, de posesión, de ficción, el cuerpo de la niña mala cambia constantemente. Con ese cambio de cuerpo, también varían sus identidades. Su vida está dedicada a la transferencia en cuerpos distintos, a ser otra gracias a la total enajenación de su aspecto y su voz. Sus transformaciones —pasa de ser peruana a ser chilena, a ser japonesa, a ser inglesa, etc., y a vestirse y hablar como tales— son la realización de una utopía del cuerpo múltiple, la noción de todos los cuerpos en uno. El cuerpo total es una aspiración de los soñadores.

Con ello, la niña mala realiza en la vida aquello que Ricardo Somocurcio logra solo en su obra escrita. Traductor de libros, Ricardo se convierte en un agente que transforma las palabras de un idioma en palabras de otro idioma. La niña mala realiza un proceso más radical: convierte su cuerpo y su vida en otros cuerpos y en otras vidas. A diferencia de Ricardo, que realiza la transformación de las palabras, ella realiza la transformación de las realidades. Expresa lo que buscaba Santiago Zavala en *Conversación en La Catedral*: pasar a la acción. Seguidora radical de Emma Bovary, la niña mala es capaz de plasmar en la vida las ficciones que Ricardo solo puede generar en las palabras.

Travesuras de la niña mala es la historia del dominio como forma del amor idealizado. Somocurcio es un peregrino del ideal absoluto, que la conducta de la niña mala nunca destruye. El rol que cumplen muchos tiranos y dictadores violentos en otras novelas se reproduce en el plano íntimo con las acciones de la niña mala. Aun así, es un ideal inquebrantable. A diferencia de las figuras autoritarias de las otras novelas (Trujillo o Cayo Bermúdez), la niña mala no tiene una sola identidad: siempre es otra. Somocurcio busca encontrar a la niña que él conoció en su juventud detrás de las muchas transformaciones de su ideal. Es un Sancho Panza frente al quijotismo de ella.

La niña mala es una heredera del escribidor y de Gauguin, pero también del Jaguar. Ella inventa el sueño como realidad —siempre siguiendo el ejemplo de Madame Bovary— y trata de habitarlo. Pero somete a Ricardo, que apenas vive en el mundo real.

Hay que recordar, a propósito de la obsesión por el cuerpo en la obra de Vargas Llosa, que Gauguin es pintor de cuerpos. Por otro lado, Pantaleón Pantoja usa los cuerpos como materiales de su utopía. El Jaguar es el dueño de los cuerpos de los miembros del Círculo. Roger Casement se siente fascinado por los cuerpos de los muchachos que puede ver en la Amazonía, en *El sueño del celta* (2010):

> Uno de ellos, el más joven, era muy hermoso. Tenía un cuerpo alargado y atlético, músculos que asomaban en su espalda, sus piernas y brazos con el esfuerzo que hacía. Su piel oscura, algo azulada, brillaba de sudor. Con los movimientos que hacía al desplazarse con la carga al hombro desde la carreta al interior del depósito, el ligero pedazo de tela que llevaba envuelto en la cadera se abría y dejaba entrever su sexo, rojizo y colgante y más grande que lo normal. Roger sintió una oleada cálida y urgentes deseos de fotografiar al apuesto cargador (p. 113).

Como en el caso de Lituma y el sargento Silva, este pasaje muestra la mirada como un agente de posesión erótica. La descripción minuciosa, que supone un ejercicio de contemplación, se convierte en una suma de contrastes (el brillo de la piel oscura, el juego entre el rojo del sexo y el azul de la piel) que eleva el cuerpo a la categoría de objeto sagrado del deseo. No es casual que el poder de la mirada se quiera resolver en una fotografía, como ocurre al final del pasaje.

En torno al deseo, el cuerpo se convierte en un templo privado de los amantes. No en balde leemos en *Elogio de la madrastra* que el sultán manda ejecutar a uno de sus sirvientes que casualmente vio el cuerpo desnudo de su esposa. La devoción de Rigoberto hacia Lucrecia se traduce en una adoración a su cuerpo. El cuerpo es un altar y a la vez un campo de exterminio.

Una prueba del cuerpo como objeto simultáneo del poder y del deseo aparece en uno de los pasajes de *La ciudad y los perros.* Alberto está escribiendo las novelitas que va a vender. Es una de las primeras señales de la relación del cuerpo como un agente de apetencia y posesión sexual: «"Tenía las piernas gordas, blancas y sin pelos. Eran ricas y daba ganas de morderlas". Alberto se quedó mirando la frase, tratando de calcular sus posibilidades eróticas, y la encontró bien» (p. 163).

Las «posibilidades eróticas» de la frase de Alberto pueden extenderse a muchos pasajes en la obra de Vargas Llosa. En general, los cuerpos que prefieren sus personajes son parecidos al de doña Adriana: grandes, ampulosos y, en palabras de Lituma, «bien despachados». No es casualidad que los cuerpos del pintor colombiano hayan estimulado la imaginación de Vargas Llosa en su ensayo «Botero en los toros» (1992).

*

Las pugnas en torno al poder son esenciales a las relaciones que tienen entre sí los personajes de Vargas Llosa. Pero para que las acciones del rebelde se justifiquen, necesitan una dirección. Esa dirección es la que da la utopía, reforzada por el sentido moral. Hay una guía o una luz en el camino del rebelde.

3. El viaje a la utopía

Iniciada en los años cincuenta y sesenta, una época de consagración y derrota de las utopías, la obra de Vargas Llosa está poblada por seres idealistas que buscan la realización de un paraíso en la tierra. Como ya hemos dicho, la moral no es solo un código o una ideología, sino sobre todo una emoción esencial a sus personajes. Su búsqueda de la verdad, por debajo de las apariencias sociales e institucionales, está cargada de una motivación ética de creación propia. Siguiendo la convicción de Sartre, según la cual las palabras son actos, las novelas están escritas para influir en la sociedad.

El Jaguar piensa que el Círculo va a enseñarles a sus miembros a ser hombres. Zavala pertenece a una célula política que cree en la revolución que traerá paz y justicia a los pueblos. Pantaleón supone que da un ejemplo de organización y disciplina que el ejército desconoce. Antonio el Consejero cree que logrará un modelo de sociedad digna. Flora Tristán y Roger Casement luchan por una sociedad más justa. Esta idealización no es ajena a la experiencia religiosa individual y comunitaria. Pero, por lo general, la cultura de la rebeldía fabrica sus propias utopías. Los miembros del Círculo comandados por el Jaguar y los seguidores del Consejero conforman una minisociedad que ha abolido la realidad exterior y ha afirmado la suya. Los militantes que acompañan a Aldo Brunelli en *El loco de los balcones* (1993) también forman una comunidad propia con un nombre religioso, «los cruzados», que están en lucha contra los depredadores «atilas». El ingeniero Canepa le dice a Brunelli:

> Un idealista quiere cambiar las cosas para mejor, perfeccionar la vida, elevar la condición de los hombres y de la sociedad. Yo soy un idealista, profesor. Un romántico es un iluso. Un soñador retorcido e impráctico, que sueña imposibles, como erigir casas en las nubes. Las casas se construyen en la tierra firme, profesor Brunelli (p. 155).

El profesor le contesta que «Los balcones están en el aire, cerca de las nubes» (p. 155). Luego Ileana afirma que, como hija del profesor Brunelli, está condenada a ser idealista.

Brunelli es un asceta de un ideal moral y estético. Pantaleón es más bien un asceta de la disciplina prostibularia, un místico organizador del placer como necesidad de la institución. Para ello, renuncia a su entorno (sus superiores y su familia) y funda una comunidad utópica que lo reemplaza. En esa comunidad realiza su ideal moral. Ya que el ejército es ineficiente y relajado, busca reinstaurar sus virtudes ideales (el orden, la disciplina) en un sistema creado por él. Su objetivo es sacralizar una realidad nueva que redefina y reformule la realidad anterior: crear un mundo nuevo, más armónico y gratificante que el real. Para completar la apariencia de esta nueva sociedad, Pantaleón procura sustituir los referentes de la realidad. Reemplaza a su esposa por la Brasileña y a sus soldados por las visitadoras. Crea un ejército propio con vínculos de solidaridad y una valoración de su tarea común. Su relación con la Brasileña es una metáfora de su obsesión por el servicio. La muerte de la Brasileña a su vez prefigura el fin de su utopía. Como Flora Tristán, como el Consejero, como el Jaguar, Pantaleón es un utopista social. Su drama es el de ver su utopía de rebeldes destruida.

La utopía de Pantaleón nace de sus pulsiones personales. Pantaleón cree en las virtudes originales del ejército (la disciplina, el orden, el cumplimiento) que la institución a la que pertenece ha perdido. Dentro de la organización del servicio de visitadoras perfecto, donde a la vez todas sean camaradas y amigas, Pantaleón es el personaje central, el detentador del poder. El ejército nunca le ha podido dar lo que tiene ahora: ser el emperador de un reino flotante en el que navega llevando el «esparcimiento viril» a los soldados. Antecedente risueño del Consejero y sucesor cómico del teniente Gamboa, Pantaleón es un misionero del placer como su sucesor lo sería de la sacralidad.

Todas las utopías tienen un espacio sagrado. El camino por los sertones es un espacio en movimiento como el barco que lleva a las visitadoras. Hay otros espacios de la utopía que se edifican en un mismo lugar. En *La casa verde*, don Anselmo ha construido un sitio donde los parroquianos pueden pasar las horas en compañía de las prostitutas que se vuelven compañeras. Al referirse a su construcción por don Anselmo, sabemos que «como un organismo vivo, fue creciendo, madurando» (p. 127). Después nos enteramos de que el espacio entre el cerco y la casa fue «primero un patiecillo pedregoso, luego un nivelado zaguán con macetas de cactus, después un salón circular con suelo y techo de esteras, y, por fin, la madera reemplazó la paja, el salón fue empedrado y el techo se cubrió de tejas» (p. 127). Cuando la ven de lejos, los viajeros «tenían la sensación de acercarse a un oasis de palmeras y cocoteros hospitalarios, de aguas cristalinas, y era como si esa lejana presencia prometiera toda clase de recompensas para el cuerpo fatigado, alicientes sin fin para el ánimo deprimido por el bochorno del desierto» (p. 127).

Esta alusión a la casa verde como un oasis en el desierto es una clara revelación de su naturaleza paradisíaca. Un espacio de la utopía.

Habría que agregar que, en un país signado por el abandono, la literatura peruana nos ha dado varias obras narrativas donde puedan guarecerse o protegerse sus personajes: *La casa de cartón* (1928) de Martín Adán, *La casa verde* de Vargas Llosa y «Al pie del acantilado» (1959) de Julio Ramón Ribeyro, entre otras. Buscar una casa que sea un refugio y un oasis es una obsesión en nuestra narrativa, una señal de la intemperie y el desamparo como experiencias sociales.

*

Quienes buscan utopías privadas no son demasiado distintos a los buscadores de utopías colectivas. Renuncian a sus vidas anteriores en pos de los ideales que se trazan. En la búsqueda de su utopía personal, Gauguin abandona a su esposa, a sus hijos y se entrega a una vida bajo una moral estética privada. Pantaleón se distancia de su esposa Pochita y de los demás miembros del ejército. El loco de los balcones, Aldo Brunelli, sacrifica «los mejores [años] de la vida» (p. 242) de su hija Ileana en la búsqueda de la utopía que salve a los monumentos coloniales. El sacrificio es una condición indispensable de los utopistas. En un mundo imperfecto, la utopía representa el ideal que desagravia y da un sentido a la acción del rebelde.

La búsqueda de la novela, de la perfección de las ficciones, también es un ejemplo, en la vida real, de este anhelo basado en el sacrificio. En *El hombre rebelde* (1951), Albert Camus cita una frase de Stanislas Fumet que bien podría haber escrito Vargas Llosa: «El arte, cualquiera que sea su finalidad, hace siempre a Dios una competencia culpable». Otra frase atribuida a Camus describe la experiencia de los personajes de Vargas Llosa: «El absurdo nace cuando el ser humano busca sentido en un universo indiferente. Pero de ese absurdo surgen tres fuerzas: la rebeldía, la libertad y la pasión. Aceptar que la vida carece de sentido inherente no es resignación. Es un llamado a vivir plenamente, a crear significado en cada acto, porque incluso en el silencio del mundo, la existencia merece ser abrazada».

*

Rebeldía, libertad, pasión. Habría que agregar el sentido que adquieren esas fuerzas, bajo la consigna moral en los personajes de Vargas Llosa. La rebeldía, sustentada por la moral, aparece como su camino esencial. Es su respuesta a un mundo caótico y violento, dominado por la realidad y sus usurpadores.

Otra de las motivaciones del utopista es la búsqueda de la verdad. En su artículo «Albert Camus y la moral de los límites» (1975), Vargas Llosa se refiere a la novela *El extranjero* y a su protagonista Meursault de la siguiente manera:

> Leída hoy, la novela parece sobre todo un alegato contra la tiranía de las convenciones y de la mentira en que se funda la vida social. Meursault es, en cierta forma, un mártir de la verdad. Lo que lo lleva a la cárcel, a ser condenado, y, presumiblemente, ejecutado, es su incapacidad ontológica para disimular sus sentimientos, para hacer lo que hacen los otros hombres: representar. Es imposible para Meursault, por ejemplo, fingir en el entierro de su madre más tristeza de la que tiene y decir las cosas que, en esas circunstancias, se espera que un hijo diga. Tampoco puede —pese a que en ello le va la vida— simular ante el juez un arrepentimiento mayor del que siente por la muerte que ha causado. Eso se castiga en él, no su crimen (pp. 166-167).

Más adelante, refiriéndose al mismo Meursault y su encuentro con el juez de instrucción y el cura en la celda, afirma que:

> La actitud catequista y sectaria, impositiva, lo exaspera. ¿Por qué? Porque todo lo que él ama y comprende está exclusivamente en esta tierra: el mar, el sol, los crepúsculos, la carne joven de María. Con la misma indiferencia animal con que cultiva los sentidos, Meursault practica la verdad: eso hace que entre quienes lo rodean, parezca un monstruo. Porque la verdad —esa verdad natural, que mana de la boca como el sudor de la piel— está reñida con las formas

racionales en que se funda la vida social, la comunidad de los hombres históricos (p. 167).

Como Meursault, aunque a diferencia de él, ubicados en un contexto detalladamente realista, Alberto, Urania y Zavalita están motivados por lo que Vargas Llosa en este artículo sobre Camus llama el «vicio de la verdad» (p. 167). Alberto denuncia al Jaguar porque mató al Esclavo y descubre la verdad sobre el Círculo que las autoridades ignoraban. Zavalita pregunta a Ambrosio si mató a Queca por orden de su padre. Urania cuenta la verdad a sus tías.

La búsqueda de la verdad (y por lo tanto de la verdadera historia que busca el narrador) tiene un ribete existencial pero también moral. Como Flora Tristán, Alberto y Zavalita no aceptan las mentiras de las instituciones de la historia colectiva. La búsqueda de la verdad es una característica del rebelde, del transgresor, es decir, del individuo en las novelas de Vargas Llosa. Su objetivo frente al poder es descubrir las verdades que enmascara. El poder, el sistema colectivo, oculta la verdad. El individuo marcha tras ella. Si el poder tiene máscaras, los individuos siempre van a la búsqueda de sus rostros.

La novela es también la afirmación de lo verdadero. Es el espacio en el que, dentro de sus ficciones, se revela de un modo más profundo la terrible y sobrecogedora realidad de la sociedad y de la historia. No es casual que Vargas Llosa haya citado con frecuencia la frase de Balzac según la cual la novela es «la historia privada de las naciones». La historia tal como la descubren los escritores, es decir, los transgresores.

*

La última novela de Vargas Llosa, *Le dedico mi silencio* (2023), replantea el esquema de una utopía social basada en la comunión del arte, en este caso, de la música criolla. El vals peruano aparece como un espacio de reconciliación de las diferencias sociales. Azpilcueta está lejos del Zavalita de *Conversación en La Catedral,* que cuando escucha un vals peruano en la radio de un auto se pregunta: «¿Por qué cada vals criollo sería tan, tan huevón?» (p. 22).

Le dedico mi silencio es una novela escrita desde la intimidad con el Perú. La búsqueda que hace Toño Azpilcueta está alentada por una convicción: podremos ser una sociedad reconciliada solo en el reconocimiento y la difusión de nuestra música y nuestro arte popular. El vals criollo, la huachafería, esto es, la solidaridad y la ternura, pueden ser claves de nuestra identidad y de una posible integración. La esperanza de Azpilcueta, su convicción «a rajatabla», está sin embargo amenazada por las pesadillas que tiene con las ratas, siempre presentes.

Toño Azpilcueta pertenece a la antigua raza de los utopistas en las obras de Vargas Llosa. Cree que con su libro podrá promover una comunidad basada en el reencuentro de las diferencias sociales, culturales y étnicas de los peruanos. El personaje clave, el que resumió este ideal, es el perdido Lalo Molfino, que sacaba a la guitarra «sonidos insólitos, desconcertantes, profundos, medio enloquecidos» (p. 33). Sus compañeros son Gauguin y el escribidor, pero también Flora Tristán y Roger Casement. Creer en la utopía social a partir del arte, formar una versión del mundo basada en los modelos estéticos, anima a estos personajes. En Azpilcueta, la utopía social del reformador social y la utopía privada del artista se funden. La lucha política ha sido reemplazada por la creación estética. Una prueba de que esta utopía es posible para Azpilcueta es que sus amigos Toni y Lala, que vienen de clases sociales muy distintas, sostienen un matrimonio feliz de muchos años. La novela es la historia de un periodista buscando el secreto de Molfino, un heraldo del arte como aglutinador social. El editor Antenor Cabada lo define: «Nunca me imaginé que creyera de verdad en eso. Que la música criolla fuera un factor de unidad, en un país donde hay tantas distancias sociales y económicas» (p. 247).

Azpilcueta tiene una idea de la función del arte similar a la que tiene Vargas Llosa: que el arte (la novela) puede verdaderamente revelar y transformar a la sociedad. Esta herencia de sus años de formación supone la certeza de que el arte puede influir en la marcha de la sociedad, un sueño utópico. Al igual que Pedro Camacho, Toño sabe que el arte ofrece todo aquello que la realidad parece negarnos.

Si Azpilcueta es el personaje público, que escribe un libro para influir en la sociedad, Molfino es el artista secreto que moldea su arte en el aislamiento y la marginalidad. Ambos son representativos de la idea del escritor que tiene Vargas Llosa.

Le dedico mi silencio, frase que define esa marginalidad de Azpilcueta, alterna las aventuras del protagonista y los ensayos que forman parte del libro. Ambos registros se dirigen a un mismo fin. La capacidad de ternura y de solidaridad que se trasluce en las letras huachafas de los valses es precisamente un valor social que podrá salvar a la comunidad al disolver las diferencias.

Si bien la esperanza de Azpilcueta en el futuro del Perú se va a diluir en una apuesta melancólica en el capítulo final, este es uno de los libros más optimistas de Vargas Llosa. Finalmente, Azpilcueta nunca renuncia del todo a su ideal. Se queda hablando con Cecilia Barraza en La Tiendecita Blanca al final de la historia. Es allí donde descubre que, si las utopías siguen estando lejos, las personas concretas y amadas pueden aparecer en su reemplazo.

Al terminar de leerlo, pensando en la huachafería como una «de las contribuciones del Perú a la experiencia universal» (p. 206) («que el Perú había nacido y adquirido una personalidad gracias a la huachafería»), recuerdo un vals que cantaba Eloísa Angulo: «En estas soledades cubrirán mis sepulcros las madreselvas que tejieron guirnaldas para sus trenzas…».

*

Los ideales que enarbolan los transgresores los igualan a los caballeros andantes que atrajeron la atención del Vargas Llosa joven. Sus héroes son de algún modo caballeros que buscan desafiar las fuerzas del mal, en sus formas de la violencia y el poder. Los caballeros de Vargas Llosa enarbolan la bandera de una ideología política, moral, religiosa o estética, aun cuando estas ideologías sean en gran parte creaciones suyas. Mayta, Zavalita, el Consejero y Pantaleón son caballeros regidos por un sistema de pulsiones morales con el que quieren confrontar el poder de la realidad. El dragón de la realidad posee, sin embargo, muchas cabezas y sus fauces no tienen una forma definitiva.

La tensión de las novelas de Vargas Llosa está basada en la alternancia entre los efectos destructores de una realidad opresiva y la proyección de los individuos como portadores de un ideal utópico. Estos héroes son derrotados, pero nunca se consideran del todo destruidos. Románticos en una realidad hostil, caballeros en una tierra baldía, jamás se asimilan del todo a la realidad. Aun cuando hayan sido vencidos por ella, su lucidez final —como en el caso de Zavalita— los mantiene como individuos, incluso en su condición de exilados.

El fuego de la transgresión es el mismo en la realidad y en la ficción. Los escritores son rebeldes por naturaleza. Buscan transformar la realidad que los limita. Cuando en 1967, al recibir el Premio Rómulo Gallegos, Vargas Llosa afirmó que la «literatura es fuego» (p. 27), estaba enarbolando una de las banderas de sus personajes transgresores, pero también de su concepción de la creación como un acto de desafío.

Exploración de la derrota del individuo, la obra de Vargas Llosa es, asimismo, una oda a su permanente vocación de rebeldía. Épica de los transgresores, es una demostración de la inacabable capacidad de los seres humanos por persistir en el fuego de su individualidad. La rebeldía es una moral. En su espíritu insurgente y en su fe en las palabras se sienten los pasos del más famoso caballero andante de la historia literaria.

4. En la cabalgadura del *Quijote*

En *El pez en el agua,* Vargas Llosa cuenta un episodio durante sus noches de bohemia con el jefe de la página policial del diario *Última Hora,* Norwin Sánchez. Recuerda que, a la tercera o cuarta copa, Sánchez empezaba a recitar el *Quijote* de memoria, exclamando luego: «¡Qué prosa grande, coño!» (p. 177). En ese libro también recuerda que la primera vez que entró a la biblioteca de Raúl Porras Barrenechea la vio desplegada de imágenes y estatuillas de Quijotes y de Sanchos (p. 305). El mundo quijotesco fue, a la vista de estas dos pinceladas juveniles, un anticipo de lo que sería su pasión de lector.

Al igual que don Quijote, los personajes de Vargas Llosa son aventureros impulsados por una forma particular de la moral. Como hemos dicho, estos personajes disconformes, rebeldes, soñadores, se plantean transformar el mundo o, al menos, defender su reducto, organizando alguna gesta épica de resistencia, al mando de una comunidad.

El nudo de las novelas de Vargas Llosa es la pugna entre el espíritu aventurero, idealista, militante de estos personajes, y una realidad banal, inapelable, que devora a la de sus ilusiones. Este es un punto de encuentro esencial entre héroes de Vargas Llosa tan distintos como Antonio el Consejero y Aldo Brunelli. Ambos llevan una vida al servicio de una ilusión hasta que esta es corregida por la fuerza de la realidad. El fin de don Quijote y el de los héroes de Vargas Llosa es su retorno a la casa de lo real. Don Quijote muere cuando deja su gesta de lado. El Jaguar se convierte en un empleado adaptado a la rutina. Zavalita vive sumido en la derrota de una Lima nebulosa. Después de la muerte de la Brasileña, Pantaleón es finalmente avergonzado por el ejército para cuyos fines creó su utopía de Pantilandia. La niña mala se enferma cuando deja sus vidas ficticias.

En su ensayo «Una novela para el siglo XXI» (2004), Vargas Llosa afirma que *Don Quijote de la Mancha* es «una novela sobre la ficción en la que la vida imaginaria está por todas partes, en las peripecias, en las bocas y hasta en el aire que respiran los personajes» (p. XXXVIII). Esta es una definición que podría aplicarse también a las obras de Vargas Llosa. La vida imaginaria es consustancial a todos sus personajes, desde Alberto, que fabula con su vida amorosa, hasta Fonchito, que ve aparecer al enigmático Edilberto Torres en *El héroe discreto*. Como para don Quijote, para los personajes de Vargas Llosa la imaginación y la fantasía son refugios frente a los agravios de la realidad.

*

Asimismo, para los personajes vargasllosianos la moral privada es el sustento del sentido épico de sus vidas. La lealtad al Círculo que promueve el Jaguar, la defensa religiosa que auspicia el Consejero, la preservación del arte colonial que propugna el loco de los balcones son ejemplos del recurso a una autoridad moral propia, que no proviene de ideologías o doctrinas externas. Todos ellos proyectan una gesta, pero antes de ir al campo de batalla han izado una bandera. Y, a pesar de que se convierte en una gesta de su propia imaginación, su esencia moral es la defensa de la libertad, el arte o la justicia.

En los personajes de Vargas Llosa, como en los de Cervantes, la búsqueda moral es un soporte de la acción. Los comentarios que hacen sobre la libertad, la justicia y otros valores corresponden a lo que ellos creen que significan sus acciones. Don Quijote no renuncia a sus principios sino al final, cuando es derrotado por el Caballero de la Blanca Luna, es decir, por el bachiller Sansón Carrasco. Lo mismo puede decirse de Pantaleón, de la niña mala o de Santiago Zavala, quienes mantienen sus principios intactos hasta que son asimilados por la rutina, expulsados de la búsqueda de la utopía.

En el mismo ensayo, Vargas Llosa define el *Quijote* como una «novela sobre la ficción» (p. XXXVIII), pero también como «un canto a la libertad» (p. XXXVIII). Cita la frase que don Quijote le dice a Sancho:

> La libertad, Sancho, es uno de los preciosos dones que a los hombres dieron los cielos; con ella no pueden igualarse los tesoros que encierra la tierra ni el mar encubre; por la libertad así como por la honra se puede y debe aventurar la vida, y, por el contrario, el cautiverio es el mayor mal que puede venir a los hombres (p. XXXVIII).

Vargas Llosa afirma que «lo que anida en el corazón de esta idea de libertad es una desconfianza profunda de la autoridad, de los desafueros que puede cometer el poder, todo el poder» (p. XXXIX).

El propósito de don Quijote es ser reconocido como un caballero en la historia de las armas. El gusto por el poder no le es ajeno. Cuando convence a Sancho para salir con él, le promete ser gobernador de una ínsula.

En otro pasaje de ese ensayo, Vargas Llosa recuerda el episodio en el que Juan Haldudo, vecino de Quintanar, está azotando a Andrés, uno de sus mozos, porque ha perdido sus ovejas, algo a lo que tenía derecho según las leyes de la época. Don Quijote se rebela contra estas leyes al tratar de impedir el castigo. Lo mismo ocurre cuando libera a doce delincuentes, entre ellos al galeote Ginés de Pasamonte (que va a reaparecer bajo distintas formas), puesto que en sus palabras «no es bien que los hombres honrados sean verdugos de los otros hombres» (p. XLI). Según Vargas Llosa, esto se debe a su desmedido amor a la libertad.

Este elogio no es casual. El episodio de la liberación de los delincuentes que muestra el desafío abierto a las leyes de la época en favor de los menos favorecidos podría haber inspirado también al Consejero que, a semejanza de don Quijote, libera de su miseria y les da un sentido en la vida a quienes lo acompañan. No están allí Ginés de Pasamonte y los otros delincuentes, pero sí João Abade, buscado por las fuerzas del orden; João Grande, que ha matado a su madre postiza; Pajéu, que está definido por su enorme cicatriz; María Quadrado, que ha matado a su hijo y ha peregrinado al Monte Santo. Allí está además el pequeño y contrahecho León de Natuba. Todos son delincuentes o marginales, como los prisioneros que libera don Quijote. Lo mismo puede decirse de Boa, Rulos y Cava, seres de aspecto animalizado a los que el Jaguar da una identidad como miembros del Círculo. Y también de las prostitutas a las que Pantaleón Pantoja da una misión y una familia en la utopía de Pantilandia. Todos son seres al margen de la ley que han sido liberados, a semejanza de los delincuentes liberados por don Quijote. Es la obra de un caballero andante.

A propósito, Vargas Llosa cita un pasaje de la estancia en Barcelona de don Quijote, cuando su huésped don Antonio Moreno «está paseando a don Quijote por la ciudad (con un rótulo a la espalda que lo identifica)» (pp. XXXVII-XXXVIII) y un castellano que le sale al paso le dice: «Tú eres loco... [y] tienes propiedad de volver locos y mentecatos a cuantos te tratan y comunican» (p. XXXVIII). Vargas Llosa agrega: «El castellano tiene razón: la locura de don Quijote —su hambre de realidad— es contagiosa y ha propagado en torno suyo el apetito de ficción que lo posee» (p. XXXVIII). La razón por la que la locura quijotesca es contagiosa, como bien nos muestra toda la novela, es que es una locura que otorga dignidad y sentido a las vidas. Es el mismo proceso que lideran Pantaleón, el Consejero y el loco de los balcones con sus seguidores. Como don Quijote, los personajes de Vargas Llosa podrían ser acusados de ser locos y de volver locos y mentecatos a la gente a su alrededor.

En la moral de esa locura, para Vargas Llosa, como para Cervantes, la realidad está hecha de una pugna constante. Ello se debe a que sus héroes siempre perciben que el enemigo está en la otra orilla. El Consejero es, como don Quijote, un personaje que ve el Anticristo en sus enemigos, en especial, en el ejército de la República. Debe preparar a sus elegidos para «interpretar la secularización de la vida política como otra prueba fehaciente del advenimiento del fin del mundo». El Consejero es un fantaseador que piensa que los republicanos van a reestablecer la esclavitud. Está viendo gigantes y monstruos del fin del mundo donde hay un Estado enemigo. Si el enemigo no existe, la pasión del militante debe inventarlo para rebelarse o para escapar de él.

*

El rebelde, para serlo, debe bautizar una nueva realidad. Las palabras son su instrumento de rebelión y de libertad. No es casualidad que don Quijote se tome varios días en buscar un nombre para sí mismo y para Rocinante. Es la misma razón por la que nunca sabemos el verdadero nombre del Jaguar, y por la que Alberto Fernández y Ricardo Arana son conocidos como el Poeta y el Esclavo. La joven que inicialmente conocemos como Lily deja de serlo para convertirse en «la niña mala». La relación visceral entre el héroe y la palabra supone la construcción de una realidad alterna a la de la vida que conocemos. El nombre viene no de un destino sino de la función social y existencial que cumple.

Don Quijote es un rebelde frente al mundo por el solo hecho de leer novelas. El poeta Alberto escribe cartas sobre gentes y escenarios que desconoce. De tanto leer, don Quijote sale a cumplir con su misión en la vida real. De tanto escribir cartas de amor, Alberto se enamora de Teresa. En una escena de *La ciudad y los perros*, Alberto se niega a escribir cartas de amor al Esclavo porque sabe que van dirigidas a Teresa.

Las palabras del individuo, a diferencia de las de la institución, dicen la verdad. Es quizá lo que piensa el Jaguar en una de las escenas finales de la novela, cuando escribe la carta en la que se inculpa de la muerte del Esclavo y quiere salvar a Gamboa. Como hemos señalado, el Jaguar ha descubierto en él a un prójimo, es decir, a alguien que, como él, no ha renunciado a sus principios. El lenguaje lo ha purificado. Gamboa ha vivido al pie de la letra. Ha creído en el ejército. Se sabe de memoria los manuales militares, al punto de que explica la razón por la que no va a persistir en sus «objetivos inútiles» (p. 446). Gamboa quiere seguir aplicando el peso de las palabras. Se resiste a ser desengañado. El Jaguar y el Poeta han inventado otro lenguaje. Es el lenguaje de los rebeldes.

Dicho sea de paso, la palabra como expresión de la moral aparece en su ensayo *Carta de batalla por* Tirant lo Blanc (1991), cuando Vargas Llosa elogia a los protagonistas porque son seres verbales. Todos los personajes están llenos de lo que él llama «efusiones retóricas» (p. 98).

Don Quijote es un lector compulsivo que busca extender el universo de la ficción. El escribidor Pedro Camacho es un ficcionador compulsivo que pierde el sentido de la realidad. Al igual que el hidalgo, Camacho descubre que sus historias se confunden con su vida. Aldo Brunelli crea lemas que los cruzados van a repetir en sus protestas. Alberto, en *La ciudad y los perros*, es un escritor compulsivo que, en un pasaje de la novela, hace alarde de que puede escribir muchas cartas de amor en poco tiempo. En el sexto capítulo de la primera parte, afirma: «Puedo escribir diez cartas de amor en una hora» (p. 169).

El Poeta es uno de los *alter ego* de Vargas Llosa, un fabulador que inventa mundos para sus compañeros a través de la escritura:

> Alberto era uno de los que más hablaba de la Pies Dorados en la sección. Nadie sospechaba que solo conocía de oídas el Jirón Huatica y sus contornos, porque él multiplicaba las anécdotas e inventaba toda clase de historias. Pero ello no lograba desalojar cierto desagrado íntimo de su espíritu; mientras más aventuras sexuales describía ante sus compañeros que reían o se metían la mano al bolsillo sin escrúpulos, más intensa era la certidumbre de que nunca estaría en un lecho con una mujer, salvo en sueños, y entonces se deprimía y se juraba que la próxima salida iría a Huatica, aunque tuviese que robar veinte soles, aunque le contagiaran una sífilis (p. 123).

Tanto para don Quijote como para Alberto hay una naturaleza compensatoria en la ficción. Alberto, como don Quijote, vive sus amores frustrados en las cartas que escribe. Pero cuando conoce a Teresa, deja de escribir. Cuando don Quijote no encuentra sus libros (pues el cura y el barbero se han deshecho de ellos), decide salir en su segundo viaje. Es entonces cuando propone a Sancho ser su escudero. El poeta Alberto, por su lado, vive descontento con las cartas de amor que escribe. Quiere realizar una gesta mayor. Se enamora de Teresa sin conocerla. Al ocurrir esto, siente que traiciona al Esclavo. La muerte del amigo no hace sino reforzar su culpabilidad y el sentido de su deber moral: denunciar al Círculo.

Alberto y don Quijote (y Zavalita, por cierto) quieren pasar del lenguaje a la realidad, de la palabra a la acción. Pero ambos son castigados por sus palabras. Al final de *La ciudad y los perros,* el coronel saca a relucir las cartas y novelas de amor y sexo que ha escrito Alberto.

Por su lado, el cura y el barbero culpan a las palabras de la locura del hidalgo. Las palabras del individuo son sancionadas por la ley.

En Vargas Llosa, las palabras están del lado de los rebeldes. Zavalita es periodista y escritor en ciernes. El poeta Alberto, el periodista miope y el escribidor Pedro Camacho son escritores. Todos son personajes quijotescos, que pasan de las palabras a las acciones.

*

Uno de los temas esenciales en la obra de Vargas Llosa y el *Quijote* es la exploración de la amistad. En Vargas Llosa, las relaciones de amor pueden ser tan difíciles y las mujeres tan lejanas como lo es Dulcinea para don Quijote. Tanto Tere como la niña mala y Lucrecia o Adriana aparecen como mujeres distantes, añoradas e idealizadas. Cuando finalmente logran ser alcanzadas, se produce el fin de las relaciones con sus parejas. Son variantes de una Dulcinea siempre ausente y distante.

A diferencia de las relaciones amorosas, las relaciones de amistad y camaradería, como las de Alberto y el Esclavo o de Lituma y el sargento Silva, florecen y se desarrollan. Esta camaradería, como la de don Quijote y Sancho, se forma en la adversidad, cuando algún peligro se cierne sobre los amigos. El tema de la solidaridad, inherente a la amistad, es decisivo en la obra de Vargas Llosa desde *La ciudad y los perros* y su concepción del Círculo como un grupo de amigos que resiste el poder. No es casual que *Los tres mosqueteros* (1844) haya sido una de sus lecturas tempranas y veneradas.

Dice Vargas Llosa en la conclusión de su ensayo que la de don Quijote y Sancho es la extraña alianza del sueño y la vigilia, lo real y lo ideal, la vida y la muerte, el espíritu y la carne, la ficción y la vida. Cervantes estableció el diálogo entre sus dos personajes fundamentales como elementos de la asociación. Llama a Sancho «hermano», pues la utopía caballeresca es igualitaria. En cierto sentido, parejas como Somocurcio y la niña mala dramatizan las relaciones entre el ideal quijotesco y la realidad de Sancho Panza. El quijotismo de la niña mala termina necesitando al sanchismo de Somocurcio. Ya casada con este, ella vuelve a su identidad original. Es entonces cuando, al igual que don Quijote, después de su derrota y su retorno al hogar, ve cerca su fin. La vida no es tolerable sin las ficciones que la desagravian.

En su ensayo sobre el *Quijote*, Vargas Llosa se pregunta: «¿Cuál es la imagen de España que se levanta de las páginas de la novela cervantina?». Y contesta: «La de un mundo vasto y diverso, sin fronteras geográficas, constituido por un archipiélago de comunidades, aldeas y pueblos, a los que los personajes dan nombre de "patrias"» (p. XLI).

Es una afirmación que podría también referirse al Perú o a América Latina. Más adelante señala:

> A lo largo de sus tres salidas, el Quijote recorre La Mancha y parte de Aragón y Cataluña, pero, por la procedencia de muchos personajes y referencias a lugares y cosas en el curso de la narración y de los diálogos, España aparece como un espacio mucho más vasto, cohesionado en su diversidad geográfica y cultural y de unas inciertas fronteras que parecen definirse en función

> no de territorios y demarcaciones administrativas, sino religiosas: España termina en aquellos límites vagos y concretamente marinos, donde comienzan los dominios del moro, el enemigo religioso (p. XLII).

Esta vocación totalizadora e integradora de la novela, que recoge a personajes de distintas geografías, etnias, lenguas e identidades, es claramente otra de las relaciones que pueden establecerse entre el *Quijote* y la obra de Vargas Llosa. Los protagonistas de sus novelas pueden ser un irlandés revolucionario como Roger Casement que visita el Congo y el Putumayo o un pintor como Gauguin, que vive cinco años de su infancia en el Perú, regresa a Francia y muere en Tahití.

Esta diversidad de personajes de muchas zonas de sus países, en las obras de ambos autores, está combinada con la variedad de perspectivas. Un punto común es la relatividad de la verdad y el perspectivismo que se desprende de sus novelas. Don Quijote bautiza la realidad. Nombra una bacía como el yelmo de Mambrino. Llama gigantes a los molinos. Pantaleón llama visitadoras a las prostitutas. El grupo de Josefino y Lituma se hace llamar los inconquistables. En ambos escritores hay un universo polifónico, que sirve de base a la idea de la novela como un espacio de puntos de vista y perspectivas en torno a la realidad. La idea de la novela total en Vargas Llosa se disuelve en una dirección plural: infinidad de voces y de miradas.

Cervantes se cuida de recordarnos que tanto el mundo como el lenguaje son múltiples. En el *Quijote*, el narrador se transforma, da paso a historias paralelas y relativiza su función al hacer de sus personajes otros narradores. En la novela de Cervantes hay una serie de historias zurcidas al texto, algunas de ellas de cierta extensión, como la maravillosa *El curioso impertinente* o la historia de Marcela y Crisóstomo. Desde su primera novela, Vargas Llosa ha optado por un método que no es del todo distinto.

En obras como *Elogio de la madrastra* y *La tía Julia y el escribidor,* la historia principal también está acompañada de otras historias adosadas al texto principal, que en ocasiones adquieren un inesperado protagonismo. Algunos ensayos que son parte del libro que escribe Azpilcueta son trozos de prosa adscritos al desarrollo de *Le dedico mi silencio.*

Si los personajes de Vargas Llosa pueden ser definidos como quijotescos, como caballeros que persiguen el ideal en una sociedad que los ignora, es porque hay una relación esencial entre el inicio del siglo XVII en el que escribió Cervantes y la segunda mitad del siglo XX en el Perú. Aun con la supervivencia de las utopías y esperanzas políticas y sociales, estas empiezan a derrumbarse después de las pretensiones de las décadas anteriores. No en balde, Zavalita expresa sus dudas sobre la ideología marxista en sus monólogos interiores.

La idea de la España imperial de Cervantes y las utopías políticas de la América Latina han comenzado a derrumbarse. El ideal caballeresco de la Edad Media, aquel que subordina las voluntades individuales a su centro, ha sido reemplazado por la banalidad de la pequeña historia cotidiana. Los ideales políticos y sociales de la revolución han empezado a encontrar una realidad mediocre que los paraliza. *La ciudad y los perros*, *La casa verde* y *Conversación en La Catedral* finalizan con la destrucción de sus héroes, la derrota final de cualquier forma de rebeldía.

Don Quijote entra a un universo ficticio donde el tiempo se ha detenido. Es el tiempo de los caballeros. Los protagonistas de Vargas Llosa hacen una operación similar. En las radionovelas del escribidor, así como en la comunidad de Pantilandia, el tiempo no pasa. Los personajes buscan suspenderlo. Lo mismo hace Rigoberto cuando trata de arreglarse y preservarse frente al espejo y lo que anhela la niña mala al querer ser mil mujeres en una. La rebeldía de ambos no es contra la realidad rutinaria. Es contra toda la realidad. Don Quijote y los protagonistas de Vargas Llosa son nuestros cómplices y hermanos.

El ejemplo del *Quijote* tendrá, entre sus sucesores, a otra gran lectora de novelas que quiere aplicar las palabras a la realidad. Una mujer de provincia, la hija del señor Rouault, está esperando en Yonville.

5. La legión francesa

Desde antes de que el escritor peruano se matriculara —en los años cincuenta— en la Alianza Francesa de Lima para aprender francés (con su profesora, madame del Solar), las lecturas, el modelo de escritor y la inspiración intelectual y literaria de la literatura francesa han sido parte esencial de su obra.

En el inicio de este proceso cumplió un papel importante el gran poeta peruano César Moro, residente durante varios años en México, quien fue su profesor en el Colegio Militar Leoncio Prado (aparece en *La ciudad y los perros* como el profesor Fontana). Moro, que escribió la mayor parte de su obra en francés, fue un seguidor del movimiento surrealista y su poesía estuvo influida por Péret, Breton y Éluard. Vargas Llosa le dedicó un artículo en el primer número de la revista *Literatura* (1958-1959). Por su lado, según la estudiosa Marie-Madeleine Gladieu, Moro le da a traducir a Vargas Llosa la novela corta *Un coeur sous une soutane* (1870), de Arthur Rimbaud. La incandescencia del deseo adolescente que aparece en el personaje de esta novela coincide con la exploración del universo juvenil en *Los jefes* (1959) y en *La ciudad y los perros*, publicada cuatro años después. En verdad, el tema del rebelde iba a prolongarse a la obra de Vargas Llosa y encontraría una versión definitiva en su lectura de *El hombre rebelde*, de Albert Camus.

La aparición de Emma Bovary, un personaje fundamental en su vida y en su obra, es el siguiente paso de sus relaciones con Francia. Vargas Llosa compra el libro de Flaubert en París, una noche del verano de 1959, en una edición de clásicos Garnier. Vuelve a su casa y se queda deslumbrado leyendo hasta el amanecer en su cuartito del Hotel Wetter. Al despertar, tiene dos convicciones: una es que ya sabe qué escritor quiere ser, la otra es que vivirá para siempre enamorado de Emma. Desde entonces ha leído la novela de principio a fin varias veces. Emma es un personaje que calza con la misión esencial de los protagonistas de Vargas Llosa: se trata de una rebelde que ha estado incitada por sus lecturas, y se enfrenta a la sociedad y a la familia. Por otro lado, en la obra de Flaubert, Vargas Llosa comprende que los objetos están humanizados y en actividad tanto como estarían en sus novelas. El motor que «ronca parejo, se atora, ronca», al inicio de *La casa verde*, tiene la misma fuerza autónoma que el fiacre que «siguió a lo largo del río, por el camino de sirga pavimentado de piedras redondas», en el que Emma Bovary se entrega a León. El uniforme del general Trujillo, en *La fiesta del Chivo*, es tan locuaz y expresivo como las ropas de los invitados a la mansión de Vaubyessard. Pero el ejemplo de «la palabra justa» de Flaubert no le basta. Hizo falta otro escritor para complementarlo. Y allí estaba el enorme, el generoso, el oceánico Victor Hugo. Si el escritor de Rouen no confiaba en el poder redentor de la literatura y del género humano, el autor de *Los miserables* (1862) iba a ofrecer su vocación por el retrato de una sociedad amplia y diversa como un instrumento de lucha. La justeza y precisión del lenguaje de Flaubert, su vocación sacerdotal por la literatura, su sacrificio absoluto en favor de la creación, suponían una vida retraída y solitaria. A diferencia de él, Victor Hugo le ofrecía el ejemplo de un escritor con una activa vida pública, cuya obra abraza la diversidad del género humano. Así como Emma Bovary es un personaje quijotesco que quiere plasmar en la vida las novelitas de amor que ha leído, Jean Valjean busca hacer justicia en el mundo, desde el primer encargo (buscar a Cosette) que le hace Fantine. Pero los protagonistas de ambos escritores empiezan sus vidas como seres marginales. Así como en el terrible invierno de 1795, Jean Valjean se roba un pan rompiendo una ventana, Cava se roba el examen de Química rompiendo otra ventana por accidente.

Victor Hugo le ofrece no solo una obra sino una concepción del escritor, la de ser una conciencia moral de la sociedad. Esta es una tradición francesa que va a ser esgrimida por escritores de la talla de Zola, a partir del caso Dreyfus, durante la segunda mitad del siglo XIX (es entonces cuando se acuña la palabra «intelectual» como sinónimo de escritor que influye en los hechos públicos). La tradición de un escritor con una vida pública y política activa se prolonga en otro autor admirado, André Malraux. Vargas Llosa evoca, en «Nostalgia de París» (2014), la vez que quedó impresionado al escuchar un discurso del autor de *La condición humana* (1933):

> Pero, tal vez, si tengo que elegir el más vivo y fulgurante de mis recuerdos de esos años, sería el de los de los discursos de André Malraux. Siempre he creído que fue un grandísimo escritor y que *La condición humana* es una de las obras maestras del siglo veinte (el menosprecio literario de que ha sido víctima se debe exclusivamente a los prejuicios de una izquierda sectaria

que nunca le perdonó su gaullismo). Era también un orador fuera de serie, capaz de inventar un país fabuloso en pocas frases, como lo vi hacer respondiendo, en una ceremonia callejera, al presidente Prado, del Perú, en visita oficial a Francia: habló de un «país donde las princesas incas morían en las nieves de los Andes con sus papagayos bajo el brazo». Nunca olvidaré la noche en que, en un Barrio Latino a oscuras, iluminado solo por las antorchas de los sobrevivientes de los campos nazis de exterminio, evocó al mítico Jean Moulin, cuyas cenizas se depositaban en el Panthéon. Entre los propios periodistas que me rodeaban había algunos que no podían contener las lágrimas. O su homenaje a Le Corbusier, con motivo de su fallecimiento, en el patio del Louvre, enumerando sus obras principales, de la India a Brasil, como si fueran un poema. Y el discurso con el que abrió la campaña electoral, luego de la renuncia de De Gaulle a la presidencia, con esa frase profética: «Qué extraña época, dirán de la nuestra, los historiadores del futuro, en que la derecha no era la derecha, la izquierda no era la izquierda, y el centro no estaba en el medio».

Esta marca de un autor como la conciencia moral de una sociedad se plasma en la juventud de Vargas Llosa con el escritor al que más admira hasta la década del sesenta, Jean-Paul Sartre. Para su generación, las ideas de Sartre significaban que la literatura no es un placer gratuito sino un arma para comprender y, a la vez, influir en la realidad desde una perspectiva moral.

Dicho sea de paso, las ideas de Sartre acerca del intelectual como un ser dedicado a la acción son las mismas que atormentan a Santiago Zavala en *Conversación en*

La Catedral, sobre todo a partir del capítulo cuarto, en que quiere pasar del pensamiento a la acción. Desea actuar y, sin embargo, en su intimidad, duda del marxismo que abraza.

Por otro lado, muchos de los recursos de estilo que emplea Sartre en las novelas de *Los caminos de la libertad* enriquecen la prosa de *Conversación en La Catedral*. Los saltos de los diálogos a la acción, el uso repetido del verbo «piensa» para introducir las sensaciones y frases de los personajes, las repeticiones y enumeraciones como estados de la conciencia forman parte de esta influencia literaria.

Como lector acucioso de Sartre, es probable que Vargas Llosa conociera su relato «La infancia de un jefe», incluida en la colección de *El muro* (1939). En ese texto, un empresario adinerado lleva a su hijo Lucien Fleurier a su fábrica y le asegura que algún día será el dueño. Gracias a su padre, Lucien está predestinado a ser el jefe. El protagonista de Sartre abraza ese destino para tratar de resolver sus dudas, luego de que ha sido descrito como una «nenita» por las amigas de su madre. Pero Lucien tiene una aventura con un poeta pederasta y luego se vuelve parte de una organización fascista. En un episodio ataca a un judío que está leyendo *L'Humanité* con sus amigos.

Sartre realiza un estudio psicológico del líder y del poder absoluto como una compensación a las inseguridades de la infancia. El débil busca la fuerza absoluta como una protección.

El proceso que sigue Sartre no es ajeno al de Vargas Llosa, pues sus novelas también asumen ejemplos de personajes débiles o anónimos, convertidos en poderosos por las circunstancias.

*

Las relaciones que tiene con Sartre ilustran su proceso. En su primera lectura de *¿Qué es la literatura?* (1948), ocurrida en 1952, Vargas Llosa se siente seducido por su definición del escritor. Fue Sartre quien concibió la idea del novelista como un hombre de acción:

> Así, el prosista es un hombre que ha elegido cierto modo de acción secundaria que podría ser llamada acción por revelación. Es, pues, perfectamente legítimo, formularle esta segunda pregunta: ¿qué aspecto del mundo quieres revelar, qué cambio quieres producir en el mundo con esa revelación? El escritor «comprometido» sabe que la palabra es acción; sabe que revelar es cambiar y que no es posible revelar sin proponerse el cambio[*].

Sartre afirma que la palabra es un acto. Y es un acto de revelación, de creación de una conciencia nueva. Por lo tanto, un agente de cambio. Escribir una novela es, en ese sentido, una forma de la subversión. Según Sartre, puesto que cada palabra es un acto irremediable, el rastro del paso del escritor por el mundo, el mero hecho de escribir hurgando en la verdad, superando las apariencias que nos ofrece el sistema establecido, los disfraces y superficies de los hechos, tiene un sentido moral. Escribir es revelar y, por lo tanto, rebelarse. Es luchar contra las mentiras y justificaciones del sistema. Para el autor francés, la narrativa era la herramienta más adecuada para el

---

* Jean-Paul Sartre, *¿Qué es la literatura?*, traducción de Aurora Bernárdez, Buenos Aires, Editorial Losada, 1969, p. 53.

compromiso de un artista, pues resultaba el mejor vehículo para dotar de sentido a la realidad y realzar sus injusticias. Por eso afirma que el novelista es un «detector del ser»:

> Pero, si sabemos que somos los detectores del ser, sabemos también que no somos sus productores. Si le volvemos la espalda, ese paisaje quedará sumido en su permanencia oscura*.

El hecho de que no se haya escrito una novela que defendiera las dictaduras o a los opresores o la inmoralidad en alguna de sus formas le parecía a Sartre, en *¿Qué es la literatura?,* una prueba suficiente de su valor moral. Según él, aun cuando los novelistas puedan ser de una ideología fascista, sus novelas no lo son.

La gran discrepancia entre Vargas Llosa y Sartre se produjo ante una famosa afirmación del filósofo francés en una entrevista realizada por Madeleine Chapsal aparecida en *Le Monde*. Puesto en el dilema entre escribir y cumplir un papel político, según Sartre, el escritor debería dejar de escribir y abrazar a su sociedad en el campo de la política. En su artículo «Los otros contra Sartre» (1964), Vargas Llosa rechaza esta afirmación «con desilusión y amargura» (p. 39), y afirma que la literatura tiene una significación social y un papel histórico que sin embargo no son inmediatos ni directos. Al comentar ese pasaje, cita una opinión de Claude Simon, quien afirma que si los novelistas negros renuncian a escribir para alfabetizar a niños africanos, estos solo podrán leer más tarde traducciones de Sartre. «Yo, indígena de país

---

* Jean-Paul Sartre, *¿Qué es la literatura?,* p. 64.

subdesarrollado que intenta escribir novelas en París, ¿cómo no respaldaría, en esta consideración precisa, a Claude Simon?» (p. 41), señala Vargas Llosa.

Poco después comenta la afirmación de Sartre: «He visto morir de hambre a unos niños. Frente a un niño que se muere, *La náusea* es algo sin valor» (p. 40). A propósito, Vargas Llosa vuelve a citar a Claude Simon: «¿Desde cuándo se pesan en la misma balanza los cadáveres y la literatura?» (p. 40). Sin embargo, luego hace una afirmación que coincide con las ideas de Sartre sobre el escritor comprometido:

> ¿Qué quería decir comprometerse?… que escribiendo no solo materializábamos una vocación, algo a través del cual realizábamos nuestros anhelos. Materializábamos una predisposición anímica, espiritual… y de alguna manera participábamos en esa empresa maravillosa y exaltante de resolver los problemas, mejorar el mundo.

Resolver los problemas, mejorar el mundo. Estas son frases típicas de los años sesenta. Son frases hechas a las jornadas de rebelión. Pero hacia finales de esa década, Vargas Llosa hace sentir sus dudas sobre el marxismo como un vehículo para lograr estos fines.

Ya desde entonces, sin embargo, es un activista intelectual. Escribe una crónica de la revolución cubana durante la crisis de los cohetes. Hace un homenaje a Javier Heraud, el poeta peruano que muere durante una aventura de la guerrilla en 1963. Defiende la insurgencia guerrillera en el Perú durante el breve gobierno de Nicolás Lindley y luego durante el primer gobierno de Fernando Belaunde. Todas estas son claras señales del contexto en el que escribe sus novelas de los años sesenta. La visión de la que parten *La ciudad y los perros*, *La casa verde* y *Conversación en La Catedral* suponen, como ha dicho Efraín Kristal, que el sistema es responsable de la degradación moral de quienes lo integran. Pero poco a poco, la idea de la libertad le resulta incompatible con la idea del compromiso político.

A partir de la década del setenta, el apartamiento de sus vínculos con Sartre es bastante notorio, al igual que su nueva filiación con las ideas de Camus. El escepticismo idealista de Camus va mucho más a tono con el Vargas Llosa de los años setenta que ha abandonado los ideales revolucionarios de la década anterior. Camus no es un artista comprometido con los dogmas de una causa o una ideología, sino con la libertad de su propia conciencia individual y moral. El paso de Sartre a Camus expresa un cambio en sus protagonistas. La introducción del humor en su narrativa es una señal de este interés en la relatividad de la conciencia individual, a partir de *Pantaleón y las visitadoras* y *La tía Julia y el escribidor*.

Sin embargo, en un sentido general, Vargas Llosa no se ha apartado de su idea de la literatura como un instrumento social que le inspiró Sartre. En uno de los pasajes de *Conversación en Princeton* (2017), afirma:

> Sí: las buenas novelas nos enseñan a mirar la realidad de una manera más compleja. Las grandes novelas nos muestran que la pura apariencia no lo dice todo, que se trata de una superficie muy engañosa, y que para entender el mundo hay que indagar a fondo para descubrir los mecanismos detrás de las conductas, detrás de los hechos. La literatura genera placer, nos

hace gozar, nos demuestra las inmensas posibilidades que tiene el lenguaje, pero al mismo tiempo nos hace más escépticos frente a la realidad. Nos induce a tratar de traspasar las apariencias para ver lo que hay detrás de un hecho social, de un hecho político, de un hecho personal. Es una función no solo de la literatura sino del arte en general (p. 111).

En la misma conversación, hace alusión a la generación en la que aparecieron estas ideas y a la marca que supuso para él la lectura de Sartre:

> Esa es la gran idea del existencialismo, que me marcó y que marcó a toda una generación. Sartre demostró que la literatura no era un placer gratuito, sino un instrumento que arma al lector para entender la realidad, porque le abre una visión ética, una visión moral. Por eso la literatura en particular y la cultura en general resultan indispensables (p. 112).

Como Sartre, Vargas Llosa ama a los rebeldes y cree en su lucha. Pero, al igual que Camus, también ama a los que dudan. Sus personajes son rebeldes que con frecuencia se rebelan contra su propia rebeldía. Y, sin embargo, estas citas muestran que aun cuando se ha apartado de las ideas y consignas de Sartre, Vargas Llosa ha mantenido la concepción de las palabras como actos. Las novelas no son hechos superficiales o adornos sino inserciones en la conciencia de los lectores, capaces de transformar su percepción del mundo y de producir, en esta intimidad, grandes cambios.

El rechazo de la posición de Sartre y la aceptación del ejemplo de Camus están admirablemente resumidas en los ensayos de *Entre Sartre y Camus* (1981). Ya desde la década del setenta, Vargas Llosa ha rechazado el historicismo marxista y se ha identificado con las dudas de Camus y su compromiso moral.

A todos estos autores franceses podríamos agregar la influencia de la obra de Balzac, cuyo gran proyecto de *La comedia humana* supuso un intento de la novela total en torno a la sociedad francesa. («La sociedad francesa iba a ser el historiador, no resultando yo sino el secretario», escribió Balzac en el prólogo de su obra magna). La frase de Balzac que hemos mencionado, muchas veces citada por Vargas Llosa («La novela cuenta la historia privada de las naciones»), podría aplicarse a la obra del escritor peruano.

Asimismo, habría que agregar la influencia de Georges Bataille en la concepción de la «literatura como fuego», un remanente de la tradición del surrealismo.

La vida pública de un escritor que abraza y defiende causas políticas, que la tradición francesa estableció, es sin duda una de las influencias significativas. La figura del «intelectual» como un escritor comprometido con causas justas y con su defensa pública convierte a Victor Hugo, Zola, Sartre, Camus y Malraux en modelos de Vargas Llosa. Sus personajes son, con frecuencia, combatientes que creen en un mundo más libre y justo. En ese sentido, la vida pública de Vargas Llosa es la de sus personajes de ficción. Pero ninguno de esos personajes significaría nada si no fuera por la forma literaria con la que aparecen.

6. Un contador de historias

El realismo es solo una etiqueta que se da a las novelas que aparentan registrar el movimiento de una realidad tangible. Como cualquier escritor realista, Vargas Llosa sabe que la forma de la novela plantea unas exigencias de coherencia y verosimilitud que le impiden escribir como una transcripción directa de lo real. En este proceso de selección, las experiencias del autor han servido siempre como punto de partida. Si el escritor hace, como ha mencionado en artículos y entrevistas, un «*striptease* al revés», partiendo de sus experiencias personales para ocultarlas con elementos de ficción, es porque la narrativa siempre tiene una base autobiográfica. Según esta versión de la creación, un escritor parte de los materiales que conoce. Vargas Llosa no solo ha tomado su propia biografía como materia prima. Cuando escribió sobre personajes históricos y geografías lejanas, quiso conocerlas de primera mano. Viajó a la selva peruana antes de escribir *La casa verde*. Visitó Tahití para escribir *El Paraíso en la otra esquina* (2003). Se sumergió en cientos de documentos históricos y antropológicos para escribir *La guerra del fin del mundo.* Pero luego la forma de la novela —la verosimilitud, el equilibrio interior, las relaciones entre los personajes, las aventuras del lenguaje, las marcas de estilo— impone unas condiciones que siempre falsifican la realidad original. El realismo es una promesa de realidad a la que la ficción le da una forma. Pero es gracias a la ficción que las novelas parecen decirnos la verdad:

> Ese es uno de los problemas que plantea el realismo. El realismo en la literatura yo no creo que pueda ser nunca una enunciación directa de la realidad. La literatura es siempre una transposición de la realidad. Al sector de la vida escogido por el escritor hay que transformarlo, manipularlo, recogerlo de una manera muy especial para que no se hiele al pasar a la literatura, para que no se muera en el camino*.

Detrás de esta construcción simulada de una realidad verosímil, hay una planificación que supone una serie de rutas y escenarios para cada personaje. En la presentación de su novela *Cinco esquinas,* en mayo de 2016 en la feria del libro de Buenos Aires, durante un diálogo con Jorge Fernández, Vargas Llosa contó que todo se inicia con un «fantaseo» que luego lleva a un mapa de la historia que va a contar:

> Siempre es misterioso cómo nacen las historias que escribo. En la novela surge de pronto una imagen que está en la memoria, algo que nace en un hecho vivido y poco a poco va generando un fantaseo, como el embrión de la historia, hasta que empiezo a tomar notas. Ese ha sido el proceso de todas mis historias.

En otra declaración recogida por Federico Rivas, agrega:

* Luis Harss, «Mario Vargas Llosa o los vasos comunicantes», en *Los nuestros,* Buenos Aires, Sudamericana, 1966, pp. 437-438.

Yo necesito tener un esquema que luego no respeto, pero no puedo sentarme a escribir sin un esquema de la historia. Eso me da la seguridad mínima para poder escribir. La primera versión debo hacerla rápido, como un borrador. Luego empieza la otra parte que es corregir, cortar, añadir, esa es la que me produce placer. Escribir le da sentido a todo lo que hago. A veces creo que tengo un espía dentro mío que, mientras vivo, anota cosas que suceden y que escucha para luego volverlas literatura.

*

El esquema es la ruta que le da una forma previa al viaje. Pero en el camino surgen cambios. Los personajes que iban a ir en una dirección toman otro rumbo. Los que iban a ser generosos terminan convirtiéndose en rufianes. Los que iban a ser violentos devienen nobles. El camino es una revelación. Es allí donde se conoce la verdad de los personajes. Escribir es una conversación con uno mismo.

*

La importancia de un escritor no se encuentra en sus historias sino en la forma con que las cuenta. La obra de Vargas Llosa, como la de cualquier escritor, permanece con nosotros por la organización estilística de las frases, la alternancia de narradores, así como por la construcción de unas estructuras que sostienen el tiempo narrativo.

Estas formas están al servicio de los personajes y sus historias. Vargas Llosa no solo cree en la autoridad del que cuenta sino también en el poder de lo contado.

Sus técnicas de narración no están al servicio de sí mismas sino de la historia que plasman. Premisas argumentales de sus libros, como el encuentro entre el hijo de un funcionario público y su chofer para desentrañar un crimen, vienen de una concepción de la historia como la búsqueda de la verdad oculta, al estilo de una novela policial. La novela puede iniciarse con un cadáver, como en *¿Quién mató a Palomino Molero?*, o con el retorno de una víctima a la escena del crimen, como en *La fiesta del Chivo*. El resto de la historia va a ser desentrañado a partir de las preguntas que siembran estos inicios: ¿se descubrirá la incursión de Cava? ¿Logrará Zavalita las respuestas que buscaba? ¿Qué ocurrirá en el romance entre Mario y la tía Julia?

Esa autoridad de la historia contada es esencial para su idea del narrador.

Sus novelas no son esferas perfectas cerradas sobre sí mismas, sino formas amplias con salientes y hendiduras. La organización del tiempo es la de un escritor que cree en la integración de los elementos de su universo, en un cosmos cerrado, aunque no armónico ni coherente. No es un escritor episódico, que construye una suma de fragmentos desconectados, sino el organizador de un universo, hecho de relaciones causales, con una estructura compleja sostenida por núcleos centrales. Pero en esa estructura siempre hay episodios que contienen su propio eje, desconectados del resto. La escritora norteamericana Nicole Krauss comparaba el género del cuento con una habitación, y la novela con una casa. Puede haber habitaciones perfectas, donde todo está en su lugar, afirmaba. Hay también cuentos donde todas las frases se encuentran ordenadas en perfecta armonía. La novela, en cambio, se parece a una casa en la que nunca falta alguna saliente, rajadura o ruido. Las novelas, siempre imperfectas, reflejan de un modo más cabal las imperfecciones del mundo.

Las historias, en su concepción circular de universos autónomos, proceden con frecuencia por una relación de causa y efecto. Es lo que ocurre con *La ciudad y los perros*. La novela se inicia con un golpe de dados que da el número cuatro. A partir de entonces, los eventos se encadenan. Como Cava ha sido elegido para robar el examen, se pone nervioso. Como se pone nervioso, va a romper el vidrio del cuarto donde está el examen que debe robar. Como ha roto el vidrio, la cuadra es castigada. Como la cuadra es castigada, el Esclavo no puede ver a Tere. Como el Esclavo no puede ver a Tere, denuncia al Círculo. Como el Esclavo denuncia al Círculo, es asesinado (nunca sabremos por quién). Como es asesinado, Alberto denuncia al Círculo ante el teniente Gamboa. La sucesión podría continuar. Esta idea de la novela estructurada según causas y efectos tiene su contrapartida en los monólogos interiores (herencia de William Faulkner), que frente a una historia que avanza con expectativas e intrigas, se detiene a profundizar en la identidad de los personajes. Gracias a esta alternancia entre desarrollos argumentales y monólogos interiores o descripciones, sus novelas tienen alas y raíces. Las historias avanzan y, al mismo tiempo, profundizan en sus situaciones y personajes.

Sus recursos (algunos de los cuales revisaremos) están al servicio de la realización de una realidad rica y diversa, cuya complejidad en el tiempo y el espacio es el hogar de sus protagonistas.

De entre todas las técnicas que usa Vargas Llosa, recordamos aquí cuatro, usadas habitualmente en su obra.

a) La narración geográfica

En la obra de Vargas Llosa, la geografía natural o urbana (o ambas combinadas) aparece como un descubrimiento progresivo para los personajes. El manejo del tiempo está dosificado de acuerdo a la velocidad del movimiento de los personajes. El ojo del narrador no se detiene.

Uno de los pasajes de *La casa verde* puede mostrar el uso de los tiempos en el descubrimiento del entorno:

> Una calurosa madrugada de diciembre arribó a Piura un hombre. En una mula que se arrastraba penosamente, surgió de improviso entre las dunas del sur: una silueta con sombrero de alas anchas, envuelta en un poncho ligero. A través de la rojiza luz del alba, cuando las lenguas del sol comienzan a reptar por el desierto, el forastero descubriría alborozado la aparición de los primeros matorrales de cactus, los algarrobos calcinados, las viviendas blancas de Castilla que se apiñan y multiplican a medida que se acercan al río. Por la densa atmósfera avanzó hacia la ciudad, que divisaba ya, a la otra orilla, reverberando como un espejo. Cruzó la única calle de Castilla, desierta todavía y, al llegar al Viejo Puente, desmontó. Estuvo unos segundos contemplando las construcciones de la otra ribera, las calles empedradas, las casas con balcones, el aire cuajado de granitos de arena que descendían suavemente, la maciza torre de la catedral con su redonda campana color hollín y, hacia el norte, las

manchas verdosas de las chacras que siguen el curso del río en dirección a Catacaos. Tomó las riendas de la mula, cruzó el Viejo Puente y, golpeándose a ratos las piernas con el fuete, recorrió el jirón principal de la ciudad, aquel que va, derecho y elegante, desde el río hasta la Plaza de Armas (pp. 66-67).

En este pasaje, la frase inicial establece en una sola oración las circunstancias que definen al personaje. «Calurosa madrugada» integra un espacio y un tiempo que delimitan las circunstancias de la aparición del recién llegado. Sin embargo, el artículo «una» subraya la indefinición de su llegada en el tiempo, lo que refuerza su misterio. El principio de los contrastes se establece pronto con movimientos simultáneos. Aunque la mula se estaba arrastrando penosamente, la figura del hombre surge de improviso. La relación de contraste entre la lentitud de la mula y la acumulación de imágenes en su marcha señala dos velocidades paralelas. La atmósfera está definida por la parálisis del color rojo, el aire denso y los algarrobos calcinados, a los que el color verde y el curso del río complementan por oposición.

En el centro de esta combinación de las velocidades y de la oposición de los colores y formas del espacio, vemos al hombre. Su presencia está resaltada por las alas anchas del sombrero. En ese momento, el punto de vista pasa al lado del personaje y registramos sus sensaciones visuales, mezcladas con el descubrimiento del espacio múltiple: matorrales, algarrobos, viviendas blancas. Todas ellas están en movimiento pues «se apiñan y multiplican». El punto de vista vuelve rápidamente a tomar distancia desde un narrador externo. La ciudad aparece brillante y, al mismo tiempo, lo refleja («reverberando como un espejo»). Esta frase marca la súbita identidad que funde al visitante con el escenario.

Todo esto es motivo de alegría para el recién llegado, que encuentra allí el lugar donde va a edificar la casa. Cuando el hombre desmonta, parece tomar posesión del espacio de la ciudad («Estuvo unos segundos contemplando...»). Finalmente, se vuelve a subir a la mula y atraviesa la calle principal. Cruza el jirón «derecho y elegante», es decir, recorre toda la ciudad. Toma posesión del lugar.

En este pasaje, el misterioso hombre abarca sus dominios como anticipando el poder que tendrá en el nuevo espacio. El pasaje se ha propuesto crear un interés en torno a su personaje, que adquirirá una importancia decisiva en la historia. Su propósito es fabricar una leyenda convirtiendo la ciudad que lo recibe en el ámbito de fundación de un espacio mítico. Para ello, el recorrido físico y el uso de los tiempos van construyendo un aura a su alrededor. Es un personaje concreto sin dejar de ser una figura de leyenda.

b) Los vasos comunicantes

En su libro *Cartas a un joven novelista* (1997), Vargas Llosa se refiere a los vasos comunicantes como una de las técnicas al servicio de la densidad y la riqueza de la narración. De acuerdo a su ensayo, «hay vasos comunicantes cuando la unidad es algo más que la suma de las partes integradas en ese episodio, como ocurre durante los "comicios agrícolas"» (p. 125).

Vargas Llosa se refiere obviamente a la escena entre Emma y Rodolfo que aparece en el octavo capítulo de la segunda parte de *Madame Bovary*. Es allí donde se entremezclan las voces de amor de Rodolfo y los anuncios de los tipos de ganado, del estiércol y de los premios a aquellos que han ido a los comicios agrícolas.

Como un discípulo aventajado de Flaubert, Vargas Llosa usa esa técnica en varias de sus novelas. En *La ciudad y los perros* aparece para narrar la delación de Alberto Fernández, el Poeta. Estamos en el tercer capítulo de la segunda parte del libro, cuando Alberto, que sufre una crisis de culpa por no haber evitado la muerte del Esclavo, entra a una chingana para llamar por teléfono al teniente Gamboa. Dentro del local se encuentra con una reunión de amigos en lo que parece una despedida de soltero, y con una voz en la sombra que invoca un pisco:

> Levanta de golpe el auricular, pero, cuando va a marcar el número, su mano queda suspendida a milímetros del tablero; en sus oídos resuena ahora un pito estridente. Sus ojos perciben a un metro, tras el mostrador, una casaca blanca, con las solapas arrugadas. Marca el número y escucha la llamada: un silencio, un espasmo sonoro, un silencio. Echa un vistazo alrededor. Alguien, en una esquina del bar, brinda por una mujer: otros contestan y repiten un nombre. La campanilla del teléfono sigue llamando, con intervalos idénticos. «¿Quién es?», dice una voz. Queda mudo; su garganta es un trozo de hielo. La sombra blanca que está al frente se mueve, se aproxima. «El teniente Gamboa, por favor», dice Alberto. «*Whisky* americano», dice la sombra, «*whisky* de mierda. *Whisky* inglés, buen *whisky*». «Un momento», dice la voz. «Voy a llamarlo». Tras él, el hombre que brindaba ha iniciado un discurso. «Se llama Leticia y no me da vergüenza decir que la quiero, muchachos. Casarse es algo serio. Pero yo la

quiero y por eso me caso con la chola, muchachos». «*Whisky*», insiste la sombra. «*Scotch*. Buen *whisky*. Escocés, inglés, da lo mismo. No americano, sino escocés o inglés». «Aló», escucha. Siente un estremecimiento y separa ligeramente el auricular de su cara. «Sí», dice el teniente Gamboa. «¿Quién es?». «Se acabó la jarana para siempre, muchachos. En adelante, hombre serio a más no poder. Y a trabajar duro para hacer dinero y tener contenta a la chola». «¿Teniente Gamboa?», pregunta Alberto. «Pisco de Montesierpe», afirma la sombra, «mal pisco. Pisco Motocachi, buen pisco». «Yo soy. ¿Quién habla?». «Un cadete», responde Alberto. «Un cadete de quinto año». «Viva mi chola y vivan mis amigos». «¿Qué quiere?». «El mejor pisco del mundo, a mi entender», asegura la sombra. Pero rectifica: «O uno de los mejores, señor. Pisco Motocachi». «Su nombre», dice Gamboa. «Tendré diez hijos. Todos hombres. Para ponerles el nombre de cada uno de mis amigos, muchachos. El mío a ninguno, solo los nombres de ustedes». «A Arana lo mataron», dice Alberto. «Yo sé quién fue. ¿Puedo ir a su casa?». «Su nombre», dice Gamboa. «¿Quiere usted matar a una ballena? Dele pisco Motocachi, señor». «Cadete Alberto Fernández, mi teniente. Primera sección. ¿Puedo ir?». «Venga inmediatamente», dice Gamboa. «Calle Bolognesi, 327. Barranco». Alberto cuelga (pp. 322-323).

En este pasaje, la interacción con las voces ajenas crea una selva sonora que matiza y sostiene por contraste la susurrante fuerza de la delación. El coro que rodea a Alberto es un escenario siniestro y, a la vez, cómico, que parece un marco adecuado a toda la violencia y el machismo que rodean a los personajes de la novela.

Mientras el grupo que está en una despedida de soltero lanza vozarrones, la sombra parece estar sola en su lugar, en un delirio personal. En ese contexto, la voz de Alberto suena como una confesión en una iglesia llena de ruidos.

Como en el ejemplo de Flaubert que cita Vargas Llosa, las voces que se superponen no tienen relación entre ellas. Alberto denuncia la muerte de un amigo y los hombres brindan mientras una sombra insiste en su invocación al *whisky*. Sin embargo, un mismo código de violencia involucra los tres niveles. Es como si la muerte del Esclavo solo fuera posible en el universo de voces delirantes que componen el escenario. En los espacios ficcionales de Vargas Llosa, con frecuencia hay una población de voces y de sonidos que conviven en el caos de la realidad compartida.

En este pasaje, la alternancia de frases y de descripciones conforma un proceso que involucra el episodio de Alberto con el contexto en el que vive. Los vasos comunicantes están al servicio del mosaico de la diversidad que proyecta Vargas Llosa. Un escenario adecuado para que brille, en su centro, la precisión de la confesión central. Esta confesión es el eslabón que va a dar lugar a la secuencia de eventos que sigue.

c) La enumeración aliterativa

Seguidor de Faulkner, de Rubén Darío, de García Lorca, la frase musical ocupa un lugar central en el estilo de Vargas Llosa. En particular, las enumeraciones pueden hacer sentir su efecto al servicio de la acumulación de objetos y sensaciones. Los ejemplos pueden multiplicarse, pero nos podemos quedar con uno de los más famosos:

> Desde la puerta de *La Crónica* Santiago mira la avenida Tacna, sin amor: automóviles, edificios desiguales y descoloridos, esqueletos de avisos luminosos flotando en la neblina, el mediodía gris. ¿En qué momento se había jodido el Perú? (p. 19).

En este pasaje, todo parte del registro de la mirada de Santiago. «Sin amor», la frase con la que termina la primera oración, tiene una sílaba tónica al final que ya avizora la contundencia de la descripción. Lo que sigue es una consecuencia directa de la mirada de Santiago. Todo está visto a través de su conciencia visual.

La enumeración central parte de una sola palabra («automóviles»), se prolonga en una frase de cuatro palabras («edificios desiguales y descoloridos») y luego llega a su expansión con otra frase que la duplica («esqueletos de avisos luminosos flotando en la neblina»). Después de esta frase de expansión, la secuencia se contrae con un final en forma de oxímoron de tres palabras («el mediodía gris»), resuelto con una sílaba tónica. Esta organización supone un movimiento sonoro que se va expandiendo hasta terminar disolviéndose en la última frase.

Por otro lado, el uso de las vocales fuertes *e* y *o*, así como el de las *eses* («esqueletos», «edificios desiguales», «avisos luminosos flotando») forman una cadena sonora que le da una estabilidad y fuerza a la descripción. Esa fuerza está al servicio de la solidez miserable del paisaje que rodea a Santiago Zavala.

d) Monólogo y diálogo interior

Vargas Llosa se prodiga a lo largo de sus libros en los monólogos interiores. Al igual que en Faulkner, su función siempre es la búsqueda de una esencia profunda y misteriosa, por lo general sufrida y vulnerable, del personaje. Los monólogos se presentan con frecuencia en conversaciones del personaje consigo mismo. Es lo que aparece en este breve pasaje de *Conversación en La Catedral,* cuando Santiago Zavala se pregunta por el momento en el que «se jodió»:

> ¿Había sido ese segundo año, Zavalita, al ver que no bastaba aprender marxismo, que también hacía falta creer? A lo mejor te había jodido la falta de fe, Zavalita. ¿Falta de fe para creer en Dios, niño? Para creer en cualquier cosa, Ambrosio (p. 136).

Vitrinas de la vulnerabilidad, los monólogos interiores en Vargas Llosa son confesiones encarnizadas de los tormentos interiores. En ellos reconocemos el verdadero rostro detrás de la supuesta fe militante de los miembros de la célula Cahuide, como ocurre con el siguiente pasaje:

> Cerrar los puños, apretar los dientes, Ambrosio, el Apra es la solución, la religión es la solución, el comunismo es la solución, y creerlo. Entonces la vida se organizaría sola y uno ya no se sentiría vacío, Ambrosio (p. 136).

En ambos casos, el personaje se relaciona con otro (Ambrosio) y, a la vez, consigo mismo en esta soledad llena de tormentos, marcada por las frases sucesivas de la anáfora. En los monólogos interiores, la enumeración sigue apareciendo como un recurso, que apunta a la sensación de una realidad hecha de vastas turbulencias. La reiteración de frases y palabras expresa una conciencia siempre en movimiento, sin descanso. El río de la interioridad es infinito y no encuentra su destino.

*

Tanto la narración geográfica como los vasos comunicantes, las enumeraciones aliterativas y los monólogos interiores están siempre al servicio de la historia contada y, por lo tanto, de la construcción de los personajes. Las técnicas narrativas son un modo de enriquecer la humanidad esencial y desesperada de los protagonistas de la historia. Esta humanidad vulnerable es el punto central de las novelas de Vargas Llosa.

En el diseño y la profundización de estos personajes reside la vigencia de una novela. Alberto, Zavala, Pantaleón, Urania son seres trágicos y complejos, colmados de tormentas interiores y, al mismo tiempo, dispuestos a la acción. Ellos son los que se quedan conversando con sus lectores. Cada vez que los vemos, algo ha cambiado en ellos.

Apéndice
Un testimonio personal

No lo recuerdo, pero sé que conocí a Mario a fines de la década de 1950, en unas navidades celebradas en París. Por entonces, mi padre tenía un puesto en el Departamento de Educación de la UNESCO, como director de Proyectos de los Programas de Educación para América Latina. Al ser llevado a la capital francesa, con mis padres y mi hermano Marcos, yo tenía tres años. Poco después de nuestra llegada, mi madre se contactó con un amigo de la familia, el escritor André Coyné, quien había sido la pareja de César Moro, también amigo cercano de mis padres. Mi madre le pidió a André que le llevara a la casa a todos los jóvenes peruanos que conociera en la ciudad para pasar las navidades con ellos. «Justamente ha llegado un muchacho muy inteligente y agradable, con su esposa», le contestó.

Fue así como Mario y Julia llegaron a nuestra casa del barrio de Neuilly a pasar las navidades. No tengo ningún recuerdo consciente de ese encuentro, por supuesto. Solo sé lo que mi madre me contó. Me dijo que, en esa visita, Mario me cargó y me puso de pie encima de una mesa. A veces bromeo diciendo que fue en ese momento cuando empezó mi vocación de escritor.

Desde entonces se sucedieron otras visitas de la pareja. En una ocasión, mi madre me contó que Mario quería comprarle un vestido a Julia. Mi madre, que era alta y espigada igual que ella, lo ayudó a escoger el vestido en una tienda parisina.

Luego trasladaron a mi padre a un puesto de la Organización de los Estados Americanos con sede en Washington. Varios años después, en 1969, conocí a Mario en Lima gracias a una revista (*Diagrama*) que hacíamos con Augusto Ortiz de Zevallos, Luis Llosa y Alfredo Barnechea. Recuerdo el día que salió a recibirnos en su sala, con una locuacidad y una curiosidad por nosotros, a pesar de nuestra poca edad y mucha admiración. La conversación era en él un ritual de pasiones, entregas y atenciones, como he visto pocas veces.

Desde entonces, a lo largo de los años y las décadas, lo he visto con frecuencia, a él y a Patricia, con gran alegría de encontrarme con ambos, en distintas ciudades del mundo. En algunas ocasiones fuimos al estadio, a ver algunos partidos con mi amigo Luis Llosa. Yo soy hincha del Alianza Lima y ellos de Universitario, así que comentábamos los partidos desde barreras distintas.

Su generosidad y su sabiduría para comentar libros, evaluar situaciones y promover proyectos siempre fueron un estímulo para mí. Hicimos algunos viajes por diversas partes del Perú, gracias a las iniciativas de Celia y Juan Ossio. De los muchos recuerdos de esos viajes, tengo presente una ruta que seguimos en el camino a las ruinas de Kuélap, en Amazonas. Era un sendero con muchas bifurcaciones hasta llegar a nuestro destino. En el camino de regreso, el chofer se equivocó al voltear en una de ellas. Fue Mario quien le hizo notar la ruta correcta. Guardaba el recuerdo del recorrido que habíamos hecho en el camino de ida. Me pareció insólita su memoria espacial, que solo explica su capacidad para construir territorios con precisiones y detalles en sus novelas.

De entre las muchas conversaciones de estos años, quisiera rescatar algunos episodios. Una vez le comenté que es muy difícil para un escritor descubrir cuál es el mejor final para una novela. Hay maneras estandarizadas de empezar una historia, pero no hay ninguna fórmula para terminarla. Recuerdo su respuesta: «Los finales de mis novelas me llegaron como una revelación. Me daba cuenta de que esa era la mejor forma de acabar el libro. Sin embargo, nunca he tenido una explicación de por qué es así».

En otra ocasión, al hablar de Charles Dickens, le recordé las últimas horas del gran escritor inglés: sentado en su mesa de trabajo, mientras escribía lo que sería su última novela, *El misterio de Edwin Drood* (1870), Dickens cayó fulminado por un derrame cerebral. Murió al día siguiente. Cuando le hablé de esto, Mario me contestó. «Qué extraordinario. Pasar de la ficción a la muerte». En otra oportunidad, hablando de otro autor, me dijo que tenía un enorme talento, pero que le faltaba la capacidad de entregarse por completo a sus historias. Siempre tenía demasiados reparos y cautelas. La temeridad es una virtud cuando uno escribe, me comentó. Hay que saber soltarse, entregarse, sin reservas. Escribir no es un asunto de medrosos.

Su locuacidad siempre estuvo al servicio de los amigos, y su gusto por los grupos grandes, con muchas conversaciones, estaba basado en una energía para la generosidad.

En un viaje a Ayacucho, hace veinte años, se presentó en el hotel un chamán que tiró las hojas de coca al piso. Luego le anunció a Mario, frente a todos, que ganaría el Premio Nobel. En otra ocasión, una niña apareció en la plaza de Huanta para entregarle de un modo espontáneo un ramo de flores de un árbol pisonay.

En todos esos viajes que hicimos juntos, con Kristin, Tere, George, Arturo, Tamara, David, Sarita, Gody, Lila, Juan, Celia, Freddy, María Amelia y tantos otros amigos, Mario se convirtió en uno de los mejores contadores de chistes que he escuchado. Su cualidad histriónica siempre realzaba las historias, contándolas en voz alta. En sus labios, el chiste es una forma de la literatura oral.

Mario siempre ha creído en la amistad como un reducto y, al igual que sus personajes, reaccionaba a lo que consideraba una traición. Su paradoja esencial es que ha vivido para construir ficciones, sin quitar nunca los pies de la tierra. Siempre he pensado que es un peruano con una vocación universal, que en su obra no ha renunciado a sus raíces. Sus mejores novelas ocurren en el Perú o en América Latina, con personajes peruanos y latinoamericanos. En ese mundo de contrastes, de incandescencias, de dramas y utopías está el fondo de sus vivencias.

Su vida es una novela peruana y latinoamericana que se sigue escribiendo. Creo que nos enseña que podemos siempre persistir en nuestras pasiones, sueños y obsesiones, bajo cualquier forma.

He aprendido mucho de él, no solo como lector de sus libros. Cuando publiqué mi primera novela, *El tigre blanco* (1985), Mario me hizo críticas muy duras al libro. El protagonista nunca terminaba de construirse y la acción no estaba bien dosificada. La historia de amor no lograba plasmarse. En suma, el libro dejaba mucho que desear. Era mi primera novela y tomé todos sus comentarios como un consejo. Al final de esa reunión, se despidió con una sola frase: «Trabaja duro y parejo».

Desde entonces, sus opiniones sobre mis libros posteriores fueron diferentes. Pero creo que le agradezco sobre todo la dureza que tuvo en esa reunión. Aún intento seguir con su principal consejo. Y le sigo agradeciendo.

Postfacio
El aventurero

La variedad del mundo, la lucha del rebelde contra el poder y la moral de la utopía son ejes del espacio y el tiempo en los que se mueven los personajes de Vargas Llosa. La búsqueda de la verdad, la moral personal, el camino hacia el paraíso, la descripción minuciosa de los cuerpos, son aspectos esenciales de sus obsesiones, convertidas en historias. Estos ejes, como es natural, están entrelazados. Hace falta que el rebelde esgrima sus banderas morales para luchar contra el poder, en un universo abundante y caótico.

Las palabras son instrumentos maleables cuya naturaleza es subversiva. Escribir es sublevarse, contar historias es sublevarse, nombrar la realidad es sublevarse. Los personajes nunca se resignan. El lenguaje es una herramienta para confrontar al poder y, a la vez, para evadirlo, en los sueños de cada uno. Esta subversión puede ser derrotada, pero va a reaparecer en otros personajes y otros libros.

Las palabras que dan forma y contenido, que dotan de sangre, ideas y sensaciones a estos personajes, siguen actuando. Son palabras hechas para sobrevivir, como actos de rebelión contra el paso del tiempo: «—Cuatro —dijo el Jaguar»; «Desde la puerta de *La Crónica* Santiago mira la avenida Tacna, sin amor»; «¿En qué momento se había jodido el Perú?»; «El hombre era alto y tan flaco que parecía siempre de perfil». Frases, entre muchas otras, que quedan como sobrevivientes de una batalla. Siguen actuando. Son palabras en el mundo.

Obras citadas de Mario Vargas Llosa

Los jefes (1959) / *Los cachorros* (1967). Lima, Alfaguara, 2025.

La ciudad y los perros (1963). Edición conmemorativa del cincuentenario. Madrid, Real Academia Española / Alfaguara, 2012.

«Los otros contra Sartre» (1964). *Contra viento y marea (1962-1982).* Barcelona, Seix Barral, 1983.

La casa verde (1966). Lima, Debolsillo, 2025.

«La literatura es fuego» (1967). *El fuego de la imaginación. Libros, escenarios, pantallas y museos. Obra periodística I,* Madrid, Alfaguara, 2022.

Conversación en La Catedral (1969). Lima, Alfaguara, 2023.

«Albert Camus y la moral de los límites» (1975). *Un bárbaro en París.* Lima, Alfaguara, 2023.

La guerra del fin del mundo (1981). Lima, Alfaguara, 2025.

Historia de Mayta (1984). Madrid, Alfaguara, 2005.

¿Quién mató a Palomino Molero? (1986). Madrid, Alfaguara, 2024.

Elogio de la madrastra (1988). Barcelona, Círculo de Lectores, 1992.

Carta de batalla por Tirant lo Blanc (1991). Lima, Alfaguara, 2008.

«Botero en los toros» (1992). *El fuego de la imaginación. Libros, escenarios, pantallas y museos. Obra periodística I,* Madrid, Alfaguara, 2022.

El pez en el agua (1993). Lima, Alfaguara, 2023.

La Chunga (1986) / *El loco de los balcones* (1993) / *Ojos bonitos, cuadros feos* (1996). Lima, Alfaguara, 2016.

Cartas a un joven novelista (1997). Lima, Debolsillo, 2025.

La fiesta del Chivo (2000). Madrid, Alfaguara, 2000.

La literatura y la vida (2001). Lima, Universidad Peruana de Ciencias Aplicadas (UPC), 2001.

«Una novela para el siglo XXI» (2004). Edición conmemorativa IV centenario Cervantes. Madrid, Real Academia Española / Alfaguara, 2015.

Travesuras de la niña mala (2006). Lima, Alfaguara, 2006.

El sueño del celta (2010). Lima, Alfaguara, 2010.

«Nostalgia de París» (2014). *El País*, Madrid, 17 de octubre de 2014.

Conversación en Princeton con Rubén Gallo (2017). Lima, Alfaguara, 2017.

Le dedico mi silencio (2023). Lima, Alfaguara, 2023.

Agradecimientos

Quiero agradecer infinitamente a amigos como Pedro Cateriano, Fernando Carvallo, Alfredo Barnechea, Héctor Abad Faciolince, Fernando de Szyszlo, Fernando Ampuero y otros muchos, con quienes he sostenido conversaciones sobre la vida y obra de Mario Vargas Llosa a lo largo de mi vida. Soy un lector agradecido de la obra de Efraín Kristal, cuyas observaciones siempre fueron generosas e iluminadoras. Mi agradecimiento eterno también a mi querida y admirada Patricia Llosa. Lo mismo puedo decir de Gladys Eguren, Rosario Chocano, Luis Llosa, Rosario Bedoya y Lucía Muñoz-Nájar. Mi gratitud especial para Jerónimo Pimentel, Johann Page, Arthur Zeballos, Tarcila Shinno, Luis Yslas y todo el equipo de Penguin Random House. Las gracias también especiales a Carlos Raúl Sánchez Martínez, por su colaboración en la edición de este libro. Agradezco mucho a los profesores y alumnos de la Pontificia Universidad Católica del Perú donde dicté los cursos que dieron lugar a esta lectura de las novelas de Vargas Llosa. Agustín Prado tuvo la amabilidad de leer el texto y de ofrecerme valiosísimas sugerencias. Mi gratitud va para él, así como para Victoria Peláez, Antonio Mejía y Mirella Valentín Gotelli, que también leyeron el texto y aportaron sugerencias hechas con gran generosidad y rigor. Luis Rodríguez Pastor colaboró con una gran calidad personal y profesional en la edición y bibliografía del libro. Kristin, Esteban, Daniel, Gloria, Chaska, Amaru y Andrea siempre me inspiran para cualquier obra como esta y otras tantas. La mayor gratitud es al autor de estas novelas, que nos hacen vivir tantas veces en sus palabras.

Dosier fotográfico

En el segundo piso de esta casa —ubicada en el boulevard Parra 101, Arequipa— nació Mario Vargas Llosa, el 28 de marzo de 1936.

Las fotografías incluidas en este dosier provienen del archivo de la familia Vargas Llosa y han sido seleccionadas para ofrecer un testimonio visual de su trayectoria. La editorial agradece esta gentil colaboración.

Mario Vargas Llosa junto a Dora Llosa Ureta, su madre; Carmen Ureta Vargas, su abuela materna; Laura Llosa Ureta, su tía; y Nelly Eguren Llosa, su prima hermana. Cochabamba, 1938.

Dora Llosa Ureta junto a su único hijo, Mario Vargas Llosa. Cochabamba, 1940.

Carmen Ureta Vargas, Jorge Llosa Ureta, Laura Llosa Ureta, Pedro Llosa Bustamante y Luis Llosa Ureta, junto a Gladys y Nelly Eguren Llosa y Mario Vargas Llosa.

Ernesto Vargas Maldonado, padre de Mario Vargas Llosa, al que creyó muerto hasta los diez años.

Cadete Vargas Llosa.
La Perla, Callao, 1950.

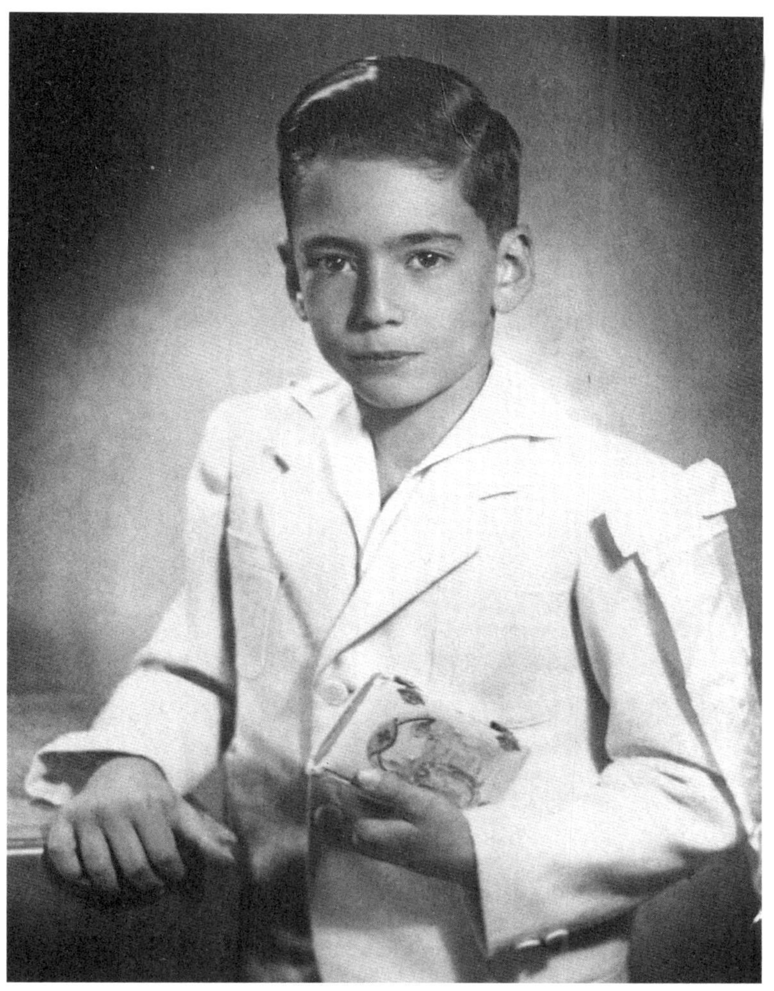

Mario Vargas Llosa el día de su primera comunión.
Cochabamba, 4 de junio de 1944.

Mario Vargas Llosa estudió Letras y Derecho en la Universidad Nacional Mayor de San Marcos entre 1953 y 1958. Retratos tomados de la matrícula de cada año.

Mario Vargas Llosa, Abelardo Oquendo, Pupi Heraud y Teresa Deustua en el Parque Salazar. Miraflores, 1958.

Recién llegado a Madrid, junto a José Manuel Muñoz y Luis Loayza, a quien le dedica (junto a Abelardo Oquendo) la novela *Conversación en La Catedral* (1969). Madrid, noviembre de 1958.

Junto a Julia Urquidi Illanes, con quien estuvo casado entre 1955 y 1964, y a quien dedicó *La tía Julia y el escribidor* (1977). Madrid, 1959.

En la Radio Televisión Francesa. Al fondo, a la derecha, Julia Urquidi.

París, 1961. Fotografía de María Cristina Orive.

Boda de Mario Vargas Llosa y Patricia Llosa Urquidi. Aparecen, entre otros, Pedro Llosa Bustamante y Carmen Ureta Vargas, y sus hijos Luis, Dora, Laura, Pedro y Jorge. Aparecen también Olga Urquidi Illanes, Gladys y Lucy Eguren Llosa, Raúl Vargas Vega.
Miraflores, 1965.

Lucy Eguren Llosa, Patricia Llosa Urquidi, Mario Vargas Llosa, Carmen Ureta Vargas y Gladys Eguren Llosa. Miraflores, 1965.

Buenos Aires, 1966.

Junto a Jean-Paul Sartre y Simone de Beauvoir, en una manifestación a favor de los presos políticos en Perú. París, abril de 1967.

Junto a Raúl Leoni, presidente de Venezuela, y Rómulo Gallegos, en la ceremonia de entrega del premio homónimo, ocasión en la que leyó el discurso «La literatura es fuego». Caracas, agosto de 1967.

Junto a Julio Cortázar, con quien mantuvo una profunda amistad durante sus años parisinos (1959-1966). Isla de Hidra, Grecia, 1967.

San Juan de Puerto Rico, 1969.

José María Castellet, Salvador Clotas, Mario Vargas Llosa, Juan García Hortelano y Carlos Barral. Barcelona, 1971.

Barcelona, 1974.

Junto a Martha Figueroa y José Sacristán, protagonistas de la película *Pantaleón y las visitadoras* (1975), codirigida por su autor, Mario Vargas Llosa, junto a José María Gutiérrez, a quien dedicó la novela.

Con José Sacristán, intérprete de Pantaleón en la primera versión de la película. Mario hizo, además, de extra.

Junto al editor catalán Carlos Barral, a quien dedicó su ensayo *La orgía perpetua* (1975).

Con Carlos Fuentes.

Con Octavio Paz.

Con Jorge Luis Borges y Alicia Jurado.

Con Ernesto Sabato.

Junto a Patricia Llosa, durante la campaña presidencial.
San Pablo, Cajamarca, 1989.

Mitin durante la campaña presidencial.
Arequipa, 4 de junio de 1989.

Mario Vargas Llosa y Patricia Llosa junto a sus tres hijos:
Álvaro (sentado), Gonzalo y Morgana.

Con Fernando de Szyszlo.

En su biblioteca personal.
Barranco, Lima, 1997.

Junto a Patricia Llosa, a quien dedicó sus novelas *La casa verde* (1966) y *Le dedico mi silencio* (2023).

El día que terminó su novela *El Paraíso en la otra esquina* (2003). Madrid, 21 de junio del 2002.

Junto a Patricia Llosa y Alonso Cueto, a quien dedicó su novela *Cinco esquinas* (2016). La Libertad, 2000.

Junto a su agente y gran amiga Carmen Balcells, a quien dedicó su novela *El Paraíso en la otra esquina* (2003).

Ceremonia de entrega del Premio Nobel, junto al rey Carlos XVI Gustavo de Suecia. Estocolmo, diciembre de 2010.

Mario Vargas Llosa y Patricia Llosa, junto a sus hijos y nietos: Álvaro, Gonzalo y Morgana, Josefina, Leandro, Ariadna, Aitana, Isabella y Anaís, a quienes dedicó su novela *El sueño del celta* (2010).
Estocolmo, diciembre de 2010.

Viaje de investigación para su última novela, *Le dedico mi silencio* (2023). Puerto Eten, Chiclayo, 2023. Fotografía de Morgana Vargas Llosa.

Este libro se terminó
de imprimir en
Móstoles, Madrid,
en el mes de
octubre de 2025